I0568134

www.ingramcontent.com/pod-product-compliance
Lightning Source LLC
Chambersburg PA
CBHW071153120626
46546CB00006B/2245
9781958168295

العلامات التسع / سلسلة الخطوات العشر الأولى

IX 9Marks

التدريب

كيف أنمو بصفتي مسيحيًّا؟

إسحاق آدامز

تحرير السلسلة في الإنجليزية: ميز ماكونيل

CHRISTIAN FOCUS

IX 9Marks

ذهن جديد

9Marks ISBN: 978-1-958168-29-5

اسم الكتاب: التدريب.

كيف أنمو بصفتي مسيحيًّا؟

المؤلف: إسحاق آدامز

الناشر للطبعة العربية: خدمة «ذهن جديد»

www.zehngadid.org

مسؤول الخدمة: الدكتور/ ياسر فرح

ترجمة: جرجس كامل يوسف

مراجعة: ساندرا سامح

المطبعة: سان مارك

رقم الإيداع: 2021/27270

كتب القسُّ إسحاق آدامز كتابًا عن أمور مهمَّة. إلى جانب ذلك، فإنَّه كتابٌ حقيقيٌّ وجيِّدٌ وبسيط وواضح، مليءٌ بالنصائح العمليَّة جدًّا للمسيحيِّ الجديد. فإن بعض هذه التعاليم نادرة للغاية اليوم، وهي مصحوبة بقصة بها عُمق مدهش. إجمالًا، إنه أداة تستحق المعرفة والاستخدام.

– مارك ديفر
الراعي الأساسي للكنيسة المعمدانيَّة في كابيتول هيل،
واشنطن العاصمة

يناسب هذا الكتابُ عن التدريب على التقوى المسيحيِّين، ليس فقط في الغرب ولكن أيضًا في الشرق. شكرًا لك يا أخي على تأليفِ هذا الكتاب لمساعدة المسيحيِّين على فهم أهمِّيَّة التدريب على التقوى. لقد تحدَّيتَ المؤمنين ليتبعوا التقوى دونَ الوقوع في فخِّ الناموسيَّة. سيُحفِّز القُرَّاء على العمل الجاد ليكونوا أكثر شبهًا بالمسيح، مُتَّكئين على النعمة الوفيرة المتاحة لنا وواثقين بها. سيكون هذا الكتاب مُشجِّعًا للمسيحيِّين المُخضرمين وكذلك للمؤمنين الجدد أيضًا. أدعو اللهَ أن يستخدمه لمساعدة المؤمنين في جميع أنحاء العالم على النموِّ في التقوى والنضج.

– هارشيت سينغ
قس، كنيسة ساتيا فاتشان (Satya Vachan Church)
(كنيسة الكلمة الحقيقيَّة)، الهند

يتعطَّش الكثير من الشباب المؤمنين للتلمذة، ومع ذلك فقد أُبْعِدوا من قِبَل القدِّيسين الأكثر نضجًا بقولهم «لا أعرفُ كيف» أو «ليس لديَّ

وقت». تتـرك هـذه الفجـوة الشـباب المؤمنيـن يتلمَّسـون النضـج الروحيَّ مـن خـلال التجربـة والخطـأ المؤلمـة، يشتاقون إلـى المجتمـع والرفقـة والإرشـاد الأكثـر حكمـة. يُقاطـع كتاب إسـحاق آدامـز الـذي يتحـدَّث بـكل وضـوح وبطريقـة كتابيَّـة سـليمة دورة «عـدم المبـالاة فـي التلمـذة»، ويمنحنـا مهـارات كافيـة فـي الصـلاة، والكـرازة، والكنيسـة، والمجتمـع، وغيرهـا مـن الموضوعـات. يمكننـا جميعًـا اسـتخدام دورة تنشـيطيَّة فـي **التدريـب،** والاسـتماع إلـى نصيحتـه «للتدريـب للأبديَّـة» بمسـاعدة بعضنـا البعـض علـى العيـش بحكمـةٍ أكثر اليوم.

– كارين أنجيلا إيليس
مديرة مركز دراسة الكتاب المُقدَّس والعِرق،
كليَّة اللاهوت المُصلحة، أتلانتا

لا يمكننـا أن نجبـرَ اللهَ علـى منحنـا نعمتـه، لكـن يمكننـا أن نضـعَ أنفسـنا علـى طـول المسـارات التـي يحبُّ مـن خلالهـا أن يمنحنـا إيَّاهـا. اجعـل إسـحاق آدامـز مرشـدك إلـى النمـو الروحـي بوصفـه هبـة إلهيَّـة – ودعـوة لـكل مـن يُدعـى باسـم المسـيح.

– ديفيد ماتيس،
مُحرِّر تنفيذي، في موقع الاشتياق إلى الله (desiringGod.org)؛
قس، كنيسة سيتيز، مينيابوليس/سانت بول؛ ومؤلِّف كتاب «**عادات النعمة:
الاستمتاع بيسوع من خلال التدريبات الروحيَّة**»
(*Habits of Grace: Enjoying Jesus through the Spiritual Disciplines*)

المحتويات

إلى آفيت آدامز
حتَّى تأتي إلى معرفة يسوع،
ولا تتركيه أبدًا.

تقديم

لقد نشأتُ في حياة جيِّدة للغاية. كان لديَّ كلا الوالدين. لقد عشتُ في منطقة لا بأس بها من واشنطن العاصمة. ومع ذلك، كنت كلَّما أتقدَّم في السنِّ، أرى أنَّ الانكسار لا يهتمُّ بالمكان الذي تعيش فيه. فهو يأتي من أجلنا جميعًا. إنَّه فينا جميعًا.

وعندما يتعلَّقُ الأمرُ بمعرفة يسوع، فإنَّ قصَّتي هي قصَّة يمكنني أن أخبرك فيها بالإنجيل قبل أن أؤمن به. لقد نشأتُ وأنا أعتقد أنَّني مسيحيٌّ لأنَّني فعلتُ أو حاولتُ أن أفعل أشياءَ معيَّنة. ذهبتُ إلى الكنيسة وقرأتُ كتابي المُقدَّس. ذهبتُ إلى مدرسةٍ مسيحيَّة وحصلتُ على درجاتٍ جيِّدة. في الظاهر، لم يكن أيٌّ من هذا سيِّئًا، لكن تحتَ السطح كان هناك قلبٌ شرِّير. كما ترى، على الرغم من معرفتي بالله، فإنَّني لم أكن أعرفه حقًّا – وقد اتَّضح ذلك عندما التحقتُ بالجامعة. ولكن كان هذا أيضًا عندما تسبَّب الله برحمته في انهيار عالمي الخاصّ. انكسر كبريائي. لقد تحطَّمت عائلتي. لكن الله فتح أذني أيضًا. سمعتُ الإنجيل يُكرز به، وتُبت، ووثقت بالمسيح. لقد فرحتُ، لأنَّني تعلَّمتُ أنَّ المسيحيَّة تتعلَّق أكثر بما قد أتممه وفعله يسوع، وليس بما أفعله أنا.

في المدرسة، درستُ الصحافة. لطالما أحببتُ الكتابة، وأحببتُ تشجيعَ الناس على معرفة يسوع. عندما طُلب منِّي تأليف هذا الكتاب، اعتقدتُ أنَّه سيكون فرصة جيِّدة للقيام بالأمرين معًا – خاصَّةً للأشخاص الذين يختبرون انكسار القلب. هؤلاء هم بشكل

أساسـيٌ مـن يريـد المحـرِّرون أن تخدمهـم هـذه السلسـلة مـن الكتـب. لـذا، فقـد حاولـتُ أن أجعـلَ هـذا الكتـابَ وجبـة رئيسـيَّة لهـؤلاء النـاس. ففـي النهايـة، إذا كان النـاس، الذيـن خُلقـوا علـى صـورة الله، مكسـورين وينزفـون علـى جانبـي الطريـق، فيجـب علـى المسـيحيِّين المسـاعدة. بغضِّ النظـر عـن الحـي الـذي يمـر بـه هـذا الطريـق، يجـب علـى المسـيحيِّين بحكمـة وبشـكلٍ عاجـل أن يحبُّـوا أقرباءهـم وجيرانهـم. بالطبـع، لا يمكننـي أن أخلِّـص أو أنقـذ أي شـخص، فقـط يسـوعُ يسـتطيع فعـل ذلـك، لذلـك أصلِّـي أن يعينـك هـذا الكتـاب علـى التعـرُّف عليـه شـخصيًّا، وليـس مجـرَّد أن تعـرف شـيئًا أو أشـياء عنـه، وأنـت تتـدرَّبُ للأبديَّـة.

قبـل أن أنتهـيَ مـن هـذه الملاحظـة، يجـب أن أقـولَ شـيئًا آخـر، لأنَّـه مـا مـن أحـد مـن صُنـع نفسـه ولا حتَّـى أيِّ كتـاب يمكنـه أن يَصْنـع ذاتـه. أودُّ أن أشـكرَ الأصدقـاءَ الذيـن سـاعدوا فـي هـذا المشـروع وكنيسـة كابيتـول هيـل المعمدانيَّـة (Capitol Hill Baptist Church)، التـي علَّمتنـي الكثيـر. ميجـان، يـا زوجتـي العزيـزة، يدهشـني صبـرُك علـى كتاباتـي. تخوننـي الكلمـاتُ فـي هـذه المرحلـة، لـذا سـأتوقَّف هنـا بكلمتيـن فقـط: شـكرًا لكـم.

رومية ١١: ٣٦

إسحاق آدامز

واشنطن العاصمة

٢٠١٩

مُقدِّمة السلسلة

تساعد سلسلة الخطوات العشر الأولى في إعداد من جاءوا من خلفيَّة لم يحضروا فيها الكنيسة في صغرهم على أخذ الخطوات الأولى في اتِّباع يسوع. نُسمِّي هذا «الطريق إلى الخدمة»، لأننا نؤمن أن كل مؤمن ينبغي أن يتم تجهيزه ليكون خادمًا للمسيح وكنيسته بغض النظر عن خلفيَّته أو خبرته في الحياة.

إن كنت قائدًا في الكنيسة وتقوم بالخدمة في أماكن صعبة، استخدم هذه الكتب كأداة لتساعدك في تنمية من لا يألفون تعاليم يسوع لتجعلهم تلاميذًا جُدُدًا. سوف تُجهِّزهم هذه الكتب لكي ينموا في الشخصية والمعرفة والعمل.

أو إن كنت أنت نفسك جديدًا في الإيمان المسيحي، ولا زلت تصارع حتى تفهم معنى أن يكون المرء مسيحيًّا، أو ماذا يقول الكتاب المُقدَّس فعليًّا، فسيكون هذا دليلًا سهل الفهم بالنسبة لك بينما تخطو أولى خطواتك كتابع ليسوع.

هناك طُرُق كثيرة يمكنك أن تستعمل بها هذه الكتب:

- يمكن استخدامها من قِبَل شخص واحد يقرأ المحتويات ببساطة ويجيب عن الأسئلة بمفرده.
- كما يمكن استخدامها في صورة لقاء بين شخصين، حيث يقرأ الاثنان المادة المكتوبة قبل أن يلتقيا ثم يناقشان الأسئلة معًا.

- كمـا يمكـن اسـتخدامها فـي صـورة مجموعـة حيـث يُقـدِّم القائـد المـادة فـي صـورة حديـث أو عظـة، ويتوقّـف عنـد نقـاط معينـة للمناقشـة داخـل المجموعـة.

سوف يُحدِّد إعدادك أفضل طريقة لاستعمال هذا الدليل.

دليل المُستَخْدِم

بينما تقوم بالدراسة سوف تصادفك الرموز التالية ...

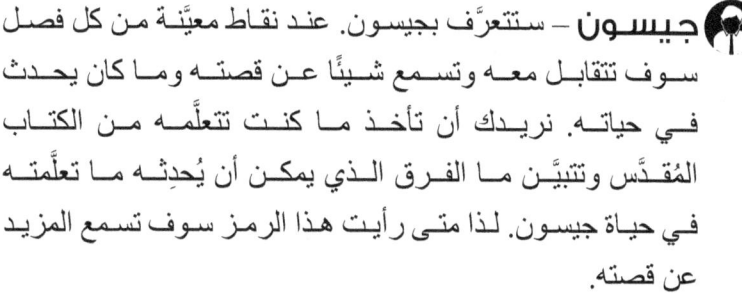

جيسون – ستتعرَّف بجيسون. عند نقاط معيَّنة من كل فصل سوف تتقابل معه وتسمع شيئًا عن قصته وما كان يحدث في حياته. نريدك أن تأخذ ما كنت تتعلَّمه من الكتاب المُقدَّس وتتبيَّن ما الفرق الذي يمكن أن يُحدِثه ما تعلَّمته في حياة جيسون. لذا متى رأيت هذا الرمز سوف تسمع المزيد عن قصته.

توضيح – من خلال أمثلة وسيناريوهات مأخوذة من الحياة الواقعية، سوف تساعدنا هذه الفقرات على فهم النقطة المطلوب إثباتها وتوضيحها.

تَوَقَّف – عندما نصل إلى نقطة هامة أو صعبة سوف نطلب منك أن تتوقَّف وتقضي بعض الوقت في التفكير أو الحديث عمَّا تعلَّمناه للتو. ربما يجيب هذا عن بعض الأسئلة، أو ربما يقودنا هذا إلى سماع المزيد من قصة جيسون.

آية مفتاحيَّة – الكتاب المُقدَّس هو كلمة اللهُ لنا، وبالتالي يُمثِّل الكلمة الفاصلة بالنسبة لنا في كل شيء علينا أن نؤمن به وكيف علينا أن نسلك. بالتالي نريد أن نقرأ الكتاب المُقدَّس أولًا، ونريد أن نقرأه بعناية. لذا متى رأيت هذا الرمز عليك أن تقرأ أو تُنصِت إلى الفقرة الكتابية ثلاث مرات. إن شَعَر الشخص

الذي تقرأ معه الكتاب المُقدَّس بالارتياح، اجعله يقرأ الفقرة مرة واحدة على الأقل.

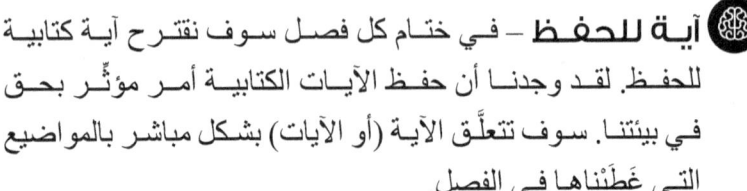

آية للحفظ – في ختام كل فصل سوف نقترح آية كتابية للحفظ. لقد وجدنا أن حفظ الآيات الكتابية أمر مؤثِّر بحق في بيئتنا. سوف تتعلَّق الآية (أو الآيات) بشكل مباشر بالمواضيع التي غَطَيْناها في الفصل.

مُلخَّص – كذلك عند نهاية كل فصل وضعنا مُلخَّص قصير لمحتويات هذا الفصل. إن كنت تقوم بدراسة الكتاب مع شخص آخر، ربما يكون من المفيد العودة إلى ذلك المُلخَّص عندما تستأنف محتويات الأسبوع السابق.

تَقَابَل مع جيسون

جيسون هو شابٌّ تابَ مؤخَّرًا عن خطاياه ووثق بيسوع، فقد أصبح مؤمنًا. كان تحوُّله إلى المسيحيَّة حدثًا – فقد حدث الأمر فجأة. ومع ذلك، يدرك جيسون أنَّه، كما قال جون ستوت (John Stott): «أن تصبح مؤمنًا شيء؛ وأن تكون مؤمنًا هو شيء آخر». يدرك جيسون أنَّه بصفته مؤمنًا، فإنَّ حياته تدور كلُّها الآن حول يسوع. ولكن إذا كان الحال هكذا، فإنَّه غيرُ متأكِّد من الشكل الذي يجب أن تبدو عليه هذه الحياة الجديدة. فقد اعتاد الخروج والسُكر في عطلات نهاية الأسبوع. لكنَّه يتساءل الآن ماذا يفعل المسيحيُّون حتَّى في ليالي الجمعة. يسأل: «كيف أنمو بصفتي مسيحيًّا؟»

مقدِّمة:
استعد للتدريب

فــي هــذا الكتــاب، ســنلقي نظـرة علــى الكيفيَّــة التــي يقـول بهــا الكتــابُ المُقـدَّس إنَّ علـى المسـيحيِّين أن يعيشـوا وينمـوا. **يـدور هـذا الكتـاب حـول العمـل مـن أجـل شـيء مـا.**

توضيح

مـا الـذي يشـترك فيـه مايكل جـوردن (Michael Jordan) مـع النملـة؟ مـا الـذي يشـترك فيـه اسـمُ أكبـر وأشـهر لاعـب كـرة سـلَّة مـع أحـد أصغـر مخلوقـات الطبيعـة؟ إليكـم الجـواب: كلاهمـا يتـدرَّب مـن أجـل نتيجـة معيَّنـة. تـدرَّب جـوردان بـلا رحمـة ليكـونَ لاعـبَ كـرة سـلَّة رائعًـا، وتعمـل النملـة مـن أجـل طعامهـا. يقـول الكتـاب المُقـدَّس إنَّ النملـة تُظهـر لنـا مـا يعنيـه العمـل الجـاد.

اِذْهَبْ إِلَى ٱلنَّمْلَةِ أَيُّهَا ٱلْكَسْلَانُ.
تَأَمَّلْ طُرُقَهَا وَكُنْ حَكِيمًا.
ٱلَّتِي لَيْسَ لَهَا قَائِدٌ أَوْ عَرِيفٌ أَوْ مُتَسَلِّطٌ،
وَتُعِدُّ فِي ٱلصَّيْفِ طَعَامَهَا،
وَتَجْمَعُ فِي ٱلْحَصَادِ أُكْلَهَا.
(أمثال ٦: ٦–٨)

ولكننـا لـن نتحـدَّث عـن تدريـب كـرة السـلَّة، أو عـن مـدى صعوبـة عمـل الحشـرات، **وذلـك لأنَّ هـذا الكتـاب يـدور حـول التدريـب علـى التقـوى.**

الشخص التقيُّ هو شخصٌ يمكن للناس أن يثقوا به ليعيش الحياة التي أمر الله المسيحيِّين أن يعيشوها. يأمر الكتابُ المُقدَّس خدَّامَ يسوع الصالحين أن يتدرَّبوا على العيش بهذه الطريقة.

«**رَوِّضْ نَفْسَكَ لِلتَّقْوَى**». (١ تيموثاوس ٤: ٧)

تَوَقَّف

كيف يبدو لك العمل على التقوى؟

لدينا مدرِّبون جيِّدون إلى جانبنا لمساعدتنا في تدريبنا وترويضنا. قد لا تعرف أسماءهم، ولكن لا تقلق، ستحصل على المشورة من القساوسة والمعلِّمين المسيحيِّين الحكماء، الذين كانوا وما زالوا موجودين.

لكن قبل أن نسمع المزيد منهم، علينا أن نتذكَّر شيئًا واحدًا:

لا يحيا المسيحيُّون حياة التقوى ليخلصوا.

إنَّهم يعيشون حياة تقيَّة لأنَّهم قد نالوا الخلاص.

إنَّ الحياة التقيَّة هي دائمًا من ثمار الخلاص، وهي ليست الطريق أبدًا لاقتناء الخلاص. هذه النقطة حاسمة لأنَّ هذا الكتابَ يركِّزُ على النموِّ الروحيِّ. عندما يركِّز الناس على نموِّهم الروحيِّ، غالبًا ما يميلون إلى الاعتقاد بأنَّ الله سيحبُّهم أكثر إذا كانوا يتصرَّفون بشكل أفضل. ربَّما تكون قد سمعتَ الناس يقولون: «يساعد الله أولئك الذين يساعدون أنفسهم». في حين أنَّ هذه العبارة تبدو دينيَّة بشكلٍ بالغ، فهي في الواقع كذبة مروِّعة. يَعِدُ هذا القولُ بأنَّ الله سيحبُّك إذا قمتَ بضبط أفعالك قليلًا. ومع ذلك، فإنَّ الخبر السار عن يسوع – أو ما يُعرف باسم «الإنجيل» – يقول شيئًا آخر.

يقـول الإنجيـل إنَّ الله، خالقنـا، صالـحٌ للغايـة لدرجـة أنَّـه لـن يغفـل عـن أيَّـة خطيَّـة. الخطيَّـة هـي تمرُّدنـا علـى الله، ونحـن نتمـرَّد لأنَّنـا، مثـل كلِّ النـاس، وُلِدنـا خطـاة (روميـة ٣: ٢٣؛ مزمـور ٥١: ٥). ويمكننـا أن نفكِّـر فـي مشـكلتنا علـى النحـو التالـي:

الخطيَّـة هـي المـرض الـذي نولـد بـه جميعًـا، والعَـرَض هـو أنَّنـا نتمـرَّد علـى الله.

فـي كثيـر مـن الأحيـان، نفعـل، ونفكِّـر، ونشـعر، ونقـول، ونريـد مـا نريـده نحـن، بـدلًا ممَّـا يريـده الله. نحـن مسـؤولون مسـؤوليَّة كاملـة عـن خطايانـا، ويقـول الإنجيـل إنَّ جميـع النـاس خطـاة – مرضـى جـدًّا – لدرجـة أنَّـه مـن المسـتحيل بالنسـبة لنـا أن ننظِّـف أنفسـنا بمـا يكفـي مـن أجـل الله. لا يمكننـا عـلاج أنفسـنا مـن مرضنـا. قـد نبـدو أتقيـاءَ أمـام أصدقائنـا وعائلاتنـا، وربَّمـا حتَّـى أمـام مرآتنـا. ولكـن مـا دمنـا مرضـى روحيًـا، فنحـن خطـاة أمـام إلهنـا.

نحن تحتَ حكمِه،

ونستحقُّ أن نموت،

ونتألَّم تحت غضبه العادل

إلى الأبد.

هذه هي العقوبة العادلة لخطايانا.

لكـن الإنجيـل لا يتوقَّـفُ عنـد هـذا الحـدِّ، وسـيكون أمـرًا سـيِّئًا حقًّـا إذا توقَّـف. ومـع ذلـك، فـإنَّ بشـارة يسـوعَ سـارّة حقًّـا، لأنَّهـا تقـول إنَّ الله يسـاعد أولئـك الذيـن لا يسـتطيعون مسـاعدة أنفسـهم. يشـفي أولئـك الذيـن لا يسـتطيعون شـفاءَ أنفسـهم. لقـد فعـل الله ذلـك مـن خـلال:

إرسال ابنه يسوع

لعيش الحياة التي كان يجب أن نعيشها

ويموت الموتَ الذي نستحقُّه على الصليب.

بعد موته، أقام الله يسوع من بين الأموات حتَّى يغفرَ لكلِّ من يثق به للخلاص ويرجع عن خطاياه ويعطيه الحياة الأبديَّة. هذا هو الخبر السار: «وَبِحُبُرِهِ شُفِينَا» (إشعياء ٥٣: ٥). ولا يتوقَّف الله فقط عند شفائنا. إنَّه يجعلنا ننمو بصفتنا أشخاصًا أصحَّاء روحيًّا. فلنسبِّح الله، فهو يأمرنـا أن نكون أتقياء ويساعدنا على أن نكون أتقياء!

«تَمِّمُوا خَلَاصَكُمْ بِخَوْفٍ وَرِعْدَةٍ، لِأَنَّ ٱللهَ هُوَ ٱلْعَامِلُ فِيكُمْ أَنْ تُرِيدُوا وَأَنْ تَعْمَلُوا مِنْ أَجْلِ ٱلْمَسَرَّةِ». (فيلبي ٢: ١٢–١٣)

أيُّها الأصدقاء، إنَّ نعمة الله تروِّضنا وتُدرِّبنا (تيطس ٢: ١١–١٢). إنَّ أيَّ عمل صالح نعمله يُظهر عملَ الله الصالح فينا، ونحن بشكرٍ نعتمدُ على قدرته هو، لا قدرتنا نحن، ونعطيه كلَّ التسبيح عن تقوانا.

يقول العالم:

«يساعد الله الذين يساعدون أنفسهم»،

ويقول الإنجيل:

«يساعد الله الذين لا يستطيعون مساعدة أنفسهم».

لذا فإنَّ رسالة هذا الكتاب ليست: «مارسْ هذه الأساسيَّات المسيحيَّة، وستكون شخصًا أفضل». لا يتمثَّل رجاءُ المسيحيِّ في أن يجعل التدريب الأمور مثاليَّة، ولكن في أنَّ يسوع هو من يجعلك كامـلًا.

عندما نثق بيسوع، يعلن الله أنّنا أبرياء من كلّ خطايانا. إنَّه يرانا كما يرى يسوع – ابنه الكامل.

هل تعتقد أنَّ كلَّ هذا يبدو جيِّدًا لدرجة يصعبُ تصديقها؟ لا يحتاج بعضُ الناس إلى التذكير بأنَّهم لا يستطيعون كسبَ محبَّة الله. إنَّهم يعرفون أنَّهم خطاة، لكنَّهم يعتقدون أنَّهم خطاة لدرجة أنَّ الله لن يقبلهم أبدًا. ولكن ها هي مشكلة هذا النوع من التفكير: لا يزال يُفترَض أنَّ الله يريدنا بسببنا. ومع ذلك، يقول الكتابُ المُقدَّس إنَّ محبَّة الله لنا لا تستندُ إلينا. بل تستند محبَّة الله بالحريِّ إلى اختياره الحُرِّ بأن يحبَّنا (تثنية ٧: ٧–٩؛ أفسس ٢: ٤–٥). يؤكِّد لنا الإنجيل أنَّ محبَّة الله مضمونة لنا بسبب ما قد فعله يسوع، وليس بسبب ما نفعله نحن.

> هل ترى كيف **يقدِّم اللهُ الرجاء** من خلال الإنجيل **لجميع أنواع الناس؟**

إنَّه يمنح الرجاءَ لأولئك الذين يفكِّرون في أنفسهم بشكل كبير – الأشخاص الذين يعتقدون أنَّهم يستطيعون الوصولَ إلى الله بسبب سلوكهم الجيِّد.

يقدِّم الله أيضًا الرجاء لأولئك الذين يفكِّرون باتِّضاع شديد في أنفسهم – الأشخاص الذين يعتقدون أنَّ الله لن يمد لهم يده أبدًا بسبب سلوكهم السيِّئ.

غالبًا ما يكون الأشخاص الذين يفكِّرون كثيرًا في أنفسهم هم **المهووسين بالكمال**، الذين يقلقون كثيرًا بشأن كيفيَّة تصرُّفهم بشكل مثالي. الأشخاص الذين يفكِّرون في أنفسهم بشكل متواضع هم غالبًا الذين **لا يبحثون عن الكمال** ويقلقون كثيرًا بشأن عدم كمال تصرُّفهم.

غالبًا ما يقيس **المهووسون بالكمال** علاقتهم مع الله بناءً على مدى طاعتهم.

غالبًا ما يشعر الذين **لا يبحثون عن الكمال** بأنَّهم لا قيمة لهم أمامَ الله لأنَّهم لا يتوقَّفون أبدًا عن النظر إلى إخفاقاتهم، ويعتقدون أنَّ الله سيفعل ذلك أيضًا.

لكن عندما نثبِّت أعيننا على يسوع، فإنَّنا نثبِّت أعيننا على الشخص الذي يجعلنا مقبولين أمام الله. لم يعُد علينا الخوفُ من رفض الله، ويجب أن تشجِّعنا هذه الحقيقة على النموِّ في التقوى.

تذكَّر ١ تيموثاوس ٤: ٧. تقول إنَّ التقوى لا تأتي بدون تدريب (انظر أيضًا العبرانيين ٥: ١٤). في مكان آخر من الكتاب المُقدَّس، عند كتابته عن التدرُّب على التقوى، استخدم بولس أمثلة من الرياضة. يقول إنَّه يتدرَّب

مثل رياضيٍّ يضبط نفسه،

مثل عدَّاءٍ يركضُ في السباق (١ كورنثوس ٩: ٢٤–٢٧).

أحد الأهداف الرئيسيَّة لهذا السِباق هو أن يصبح مسيحيًّا ناضجًا (كولوسي ١: ٢٨–٢٩).

جيسون

على الرغم من أنَّه رجلٌ بالغ، فإنَّ جيسون لا يزال طفلًا مسيحيًّا. إنَّه شابٌّ في إيمانه، مبتدئًا. ومثل أيِّ شخص جديد في أيِّ شيء، سيتعيَّن على جيسون الحصول على المساعدة

مـن الآخريـن، وتعلُّـم الأساسـيَّات، وممارسـتها لمعرفـة ما يحـاول القيـام بـه. قـد يكـون هـذا التدريـب صعبًـا فـي بعـض الأيـام. ففـي بعـض الأيـام، قـد يرغـب جيسـون فـي الإقـلاع عـن التدخيـن. فـوق ذلـك، لا يـزال جيسـون، مثـل بقيَّتنـا، يصـارع مـع الخطيَّـة والضعـف. وإن لـم تكـن خطايانـا كافيـة، فـإنَّ البعـض منَّـا يمـر بظـروف قاسـية، ممَّـا يجعـل طاعـة الله أكثـر صعوبـة (خـروج ٦: ٩).

فـي الواقـع، مثـل مايـكل جـوردن، اكتشـف جيسـون أنَّـه لا يوجـد نمـوٌّ بـدون ألـم وممارسـة. ومثلمـا يقـول جـي. سـي. رايـل (J. C. Ryle): «لا مكاسب روحيَّة بدون آلام».[١]

لكـن علـى عكـس مايـك، لا يتـدرَّب جيسـون لأجـل مجـده الشـخصي. إنَّـه يتـدرَّب لمعرفـة المزيـد عـن عظمـة الله والتمتُّـع بهـا. وهـذا يجعـل التدريـب يسـتحقُّ كلَّ هـذا العنـاء لأنَّـه مـن خـلال التدريـب يمكننـا الاسـتمتاع بـالله فـي هـذه الحيـاة – الله ذاتـه الـذي سنسـتمتع بـه إلـى الأبـد فـي الحيـاة العتيـدة. تـدور الحيـاة المسيحيَّة حـول أشـياءَ كثيـرة، ولكن بمعنى رئيسي، يتعلَّق الأمر **بالاستعداد للسماء**.

قال رايل: وضعنا اللهُ على الأرض «**لنتدرَّب للأبدية**».[٢]

كيف يبدو هذا التدريب؟ يتساءل صديقنا جيسون عن ذلك بالتحديد.

---

1 J. C. Ryle, *Holiness* (Moscow, ID: Charles Nolan Publishers, 2001), p. 25.

2 J. C. Ryle, *Thoughts for Young Men* (Carlisle, PA: Banner of Truth, 2015), p. 43.

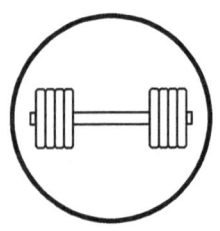

ما المقصود؟

يُحبُّ أتباعُ يسوعَ اللّهِ وأقرباءَهم.

١- التلمذة: اتِّباع يسوع

جيسون

لم يكن لدى جيسون وفرة من المال في أثناء نشأته. عندما كان طفلًا، تركه والده مع أخيه الأكبر وأمّه، وأخذ أموالهم معه. لذلك لم يتمكَّن جيسون وشقيقه من شراء ألعاب الفيديو أو الدرَّاجات الفاخرة. ومع ذلك، اكتشفوا أنَّهم لا يحتاجون إلى المال للاستمتاع. فبلعبهم مع صديقهم في الحيِّ، تشيب، نشأوا يحبُّون الألعاب الأخرى، وخاصَّةً «اتبعْ القائد». كانت اللعبة مجَّانيَّة وسهلة. فيها سُمِّي شخصٌ ما بـ «قائد» الصفّ، وكان على الجميع اتِّباع القائد والقيام بما فعله؛ إذا لم يفعلوا، فإنَّهم يخسرون.

في هذا الفصل، سوف نجيب عن سؤالين. **السؤال الأوَّل هو «من هو التلميذ؟»** اللعبة التي لعبها جيسون عندما كان طفلًا تُشير إلى إجابة: التلميذ هو الشخص الذي يتبع قائده. أن تكون تلميذًا ليسوع هو أن تكون من أتباع يسوع.

التلميذ هو تابع.

بينما أعطتنا لعبة جيسون في طفولتنا صورة أساسيَّة للتلميذ، فلنتأمَّل أيضًا ما يقوله الكتاب المُقدَّس عن كونك تلميذًا. ففي النهاية، لا نريد التفكير فقط بطريقة أساسيَّة ولكن بطريقة كتابيَّة أساسيَّة.

تَوَقُّف

في رأيك، من أين جاء الكتاب المُقدَّس؟

بالنظر إلى الكتاب المُقدَّس، عرَّف كارل إيليس الابن (Carl Ellis Jr.) كونه تلميذًا ليسوع على النحو التالي: «**التلميذ هو الشخص الذي يسلك في طريق تعلُّم إطاعة كلِّ ما يأمر به المسيح**».[1] بعبارة أخرى، تلميذ يسوع هو شخص راغب للتعلُّم. يأتي هذا التعريف من تعليمات يسوع النهائيَّة لتلاميذه. قال يسوع في متَّى ٢٨: ١٨–٢٠:

«دُفِعَ إِلَيَّ كُلُّ سُلْطَانٍ فِي ٱلسَّمَاءِ وَعَلَى ٱلْأَرْضِ، فَٱذْهَبُوا وَتَلْمِذُوا جَمِيعَ ٱلْأُمَمِ وَعَمِّدُوهُمْ بِٱسْمِ ٱلْآبِ وَٱلِٱبْنِ وَٱلرُّوحِ ٱلْقُدُسِ. وَعَلِّمُوهُمْ أَنْ يَحْفَظُوا جَمِيعَ مَا أَوْصَيْتُكُمْ بِهِ. وَهَا أَنَا مَعَكُمْ كُلَّ ٱلْأَيَّامِ إِلَى ٱنْقِضَاءِ ٱلدَّهْرِ».

بهذه الكلمات، كان يسوع يقول لتلاميذه: «أنا القائد. اذهبْ وتلمذ المزيد من التلاميذ وعلِّمهم أن يتبعوني كما أمرتك أن تتبعني». بما أنَّ كونك تلميذًا يتطلَّب التعلُّم من تلاميذ آخرين، فلا يمكن لأحد أن يكون تلميذًا بمفرده. التلميذ المنفرد هو تناقض في المصطلحات.

التلميذ هو طالبُ للتعلُّم.

جيسون

وجد جيسون أنَّه على الرغم من أنَّ اتِّباع يسوع أمر شخصيٌّ، فإنَّه أمر شخصيٌّ لا خاص. في الحقيقة، إنَّ اتِّباع

[1] Carl Ellis Jr, <https://twitter.com/CarlEllisJr/status/931142058353549 312>. Date accessed: 5th July 2019.

يسوع أمر عامٌّ للغاية. مثلما لا يوجد تلاميذ منفردون، هكذا لا يوجد أيضًا تلاميذ سرِّيُّون. يُقصد بالتلاميذ أن يُظهروا من هو الله. من المُفترض أن نكون لوحات إعلانية يمكن رؤيتها.

يتعلَّم جيسون عن كيفيَّة اتِّباع يسوع علنًا. إنَّه يعرف السيِّدة بيرل العجوز لفترة طويلة. كانت جارة عائلته في نشأته، وتمتلك متجرًا في الحيِّ. على الرغم من أنَّ جيسون كان يذهب دائمًا إلى الكنيسة مع والدته ماري، فالسيِّدة بيرل تعامل جيسون بشكل مختلف الآن لأنَّه مؤمن. عندما رأته في الردهة، أمسكتْ بمعصمه بلطف وسألته: «أخي الصغير، هل أنت متشجع بالرب؟»

يجيب جيسون عادةً: «أعتقد ذلك»، وهو غير متأكِّد ممَّا تعنيه السيِّدة بيرل العجوز.

تردُّ السيِّدة بيرل قبل أن تتعثَّر في خطواتها: «إذًا هذا ربْح».

بعضُ الرجال الذين يتعرَّف عليهم جيسون في الكنيسة، مثل إيدي، يطرحون عليه أسئلة حول خطيَّته، ويشعر جيسون بالإحراج قليلًا للإجابة. لم يقصدوا أبدًا إحراجه، لكن لا تزال الأسئلة تبدو وكأنَّها عمل تنقيب في خطايا جيسون.

وفوق كلِّ هذا، فإنَّ أصدقاءَ جيسون وعائلته، وهم من غير المسيحيِّين، يسألونه لماذا لا يفعل بعض الأشياء التي كان يفعلها. يسأله بعض الأصدقاء، مثل تشيب، لأنَّهم يريدون حقًّا

معرفـة سـبب هـذا التغييـر. يبـدو أنَّ اتِّبـاع جيسـون ليسـوع غريـبٌ ولكنَّـه جذَّاب لتشـيب. لا يسـتطيع تشـيب وصـف الأمـر، لكـن لحياة جيسـون الجديـدة رائحـة مختلفـة عمَّـا كانـت، وهـو يحبُّهـا. لقـد رأى تشـيب حتَّـى كيـف يعامـل إيـدي جيسـون، وقـد صدمـه ذلـك.

قـال تشـيب لجيسـون: «لا أعـرفُ كيـف يعامـل الله النـاس، لكنَّنـي أشـعر أنَّ الطريقـة التـي يعاملـك بهـا إيـدي هـي نفـس الطريقـة التـي يعاملـك الله بهـا».

أمَّـا شـقيق جيسـون فهـو ألكسـاندر. لطالمـا دعـاه تشـيب وجيسـون باسـم أليكـس للاختصـار وآل لاختصـار آخـر أقصـر. جـرَّب آل المسـيحيَّة عندمـا كان طفـلًا، لكنَّـه يكرههـا الآن. اعتـاد أن يسـأل جيسـون عـن اتِّبـاع يسـوع، ولكـن ليـس بطريقـة جـادَّة: «كيـف حـال زوجتـك الجديـدة يسـوع؟!» كان آل يسـأل، مسـتهزئًا بحيـاة جيسـون الجديـدة. يريـد آل أن يعـود إليـه جيسـون القديـم، وليـس هـذا الإنسـان الجديـد. علـى عكـس تشـيب، يعتقـد آل أنَّ طاعـة جيسـون ليسـوع تشـبه رائحـة المـوت، ولا يريد أي شـيء لـه علاقـة بذلـك. فـي الواقـع، بـدأ آل فـي تجاهـل جيسـون.

يجـب علـى جميـع المسـيحيِّين أن يتعلَّمـوا الـدروس الأساسـيَّة التـي يتعلَّمهـا جيسـون. لذلـك ينقسـم هـذا الكتـاب إلـى قسـمين:

تدريب شخصيٌّ

و

تدريب عامٌّ

في الجزء الأوَّل، سنلقي نظرة على العادات التي يمارسها تلميذ يسوع بشكل فرديٍّ للتدرُّب على التقوى، وفي الجزء الثاني، سنلقي نظرة على العادات التي يمارسها التلاميذ مع الآخرين للتدرُّب على التقوى. غالبًا ما تسمَّى العادات التي نكوِّنها للتدرُّب على التقوى بالتدريبات الروحيَّة.[٢][٣]

سنبدأ بالتدريب الشخصيِّ، لأنَّ الحياة المسيحيَّة تبدأ باختيار شخصيٍّ لاتِّباع يسوع. بالإضافة إلى ذلك، من الصعب مساعدة الآخرين على فعل شيء إذا كنت لا تفعله بنفسك.

توضيح

لا يستطيع المُنقذُ إنقاذَ أيِّ شخص إذا كان لا يعرف السباحة. وينطبق نفس الشيء على المسيحيِّين: يجب أن نتبع يسوع قبل أن نساعد الآخرين على فعل الشيء نفسه.

لكن هل يجب أن نعرف كلَّ شيء أو أن نكون كاملين قبل أن نعلِّم الآخرين؟ لا، على الإطلاق. هل يعني هذا أنَّ لدينا عذرًا إذًا لعدم مساعدة الآخرين؟ لا، على الإطلاق. يجب علينا ببساطة أن نتبع يسوع قبل أن نقود الآخرين لفعل الشيء نفسه.

ولكن لنفترض أنَّ جيسون قد فهم هذه النقطة، ولا يزال يتساءل: «**كيف يبدو في الواقع أن نطيع كلَّ ما أوصى به يسوع؟**» هذا هو سؤالنا الثاني في هذا الفصل. قد يبدو التفكير في إطاعة **جميع** وصايا

[٢] يفضِّل بعض المسيحيِّين تعبير "وسائط النعمة" بدلًا من "مجالات التدريب الروحيّ" لأنَّه يعكس حقيقة أنَّ عمل الله فينا هو أهمُّ شيء بالنسبة لتقوانا.

[٣] نستخدم في خدمة ذهن جديد مصطلح "الانضباطات الكتابية" Biblical Disciplines

يسوع أمرًا صعبًا. ليس جيسون متأكِّدًا حتَّى من مكان العثور عليها جميعًا، ولا بأس بذلك. تذكَّر أنَّه مبتدئ!

يجد المسيحيُّون كلَّ ما أوصى به يسوع في الكتاب المُقدَّس، وكان يسوع لطيفًا بما يكفي لتلخيص ما يطلبه الله منَّا في وصيَّتين أساسيَّتين:

«تُحِبُّ ٱلرَّبَّ إِلَهَكَ مِنْ كُلِّ قَلْبِكَ، وَمِنْ كُلِّ نَفْسِكَ، وَمِنْ كُلِّ فِكْرِكَ. هَذِهِ هِيَ ٱلْوَصِيَّةُ ٱلْأُولَى وَٱلْعُظْمَى. وَٱلثَّانِيَةُ مِثْلُهَا: تُحِبُّ قَرِيبَكَ كَنَفْسِكَ». (متى ٢٢: ٣٧-٣٩)

ستكون هاتان الوصيَّتان موضع تركيزنا لبقيَّة هذا الفصل. **كيف يمكن للتلميذ أن يطيع كلَّ ما أوصى به المسيح؟ بأن تحب إلهك وتحب قريبك.** إذا كان جيسون سيتدرَّب على اتِّباع يسوع، فعليه – بالاعتماد على نعمة الله – أن يعمل بجدٍّ للقيام بهذين الأمرين.

يحبُّ تلاميذُ يسوع اللهَ

من خلال قراءة الكتاب المُقدَّس وسماعه يُدَرَّس في الكنيسة، يتعلَّم جيسون ببطء أنَّه عندما يتحدَّث الله عن المحبَّة، فإنَّه يعني إلى حدٍّ كبير عكس ما يعنيه العالم. يخبرنا العالم أنَّ الحبَّ يشبه قوس قزح، يشعرنا بكل شعور جيِّد، ويأتي بسهولة وبسرعة ومجَّانًا.

لكن الكتاب المُقدَّس يخبرنا أنَّ المحبَّة يمكن أن تكون

صعبة

وبطيئة،

وفي هذا العالم،

يمكن للمحبَّة أن تلحق الأذى بنا!

في النهاية، تأمَّلْ في صَلب يسوع: كم هو مُحِبٌّ، ومع ذلك كم هو صعب، وشاق، ومؤلم. يقول العالم إنَّ الحبَّ هو شعورٌ يركِّز على أنفسنا – مدى سعادتنا، وكيف تجعلنا الأشياءُ أو الناسُ سعداء. وعلى الرغم من أنَّ الله يهتمُّ بعمق بسعادتنا، فإنَّ جيسون يتعلَّم أنَّ الله يجب أن يكون في مركزها.

جيسون

بدأ جيسون يدرك أنَّ محبَّة التلميذ لله يمكن رؤيتها بوضوح من خلال مدى طاعته لله، امتنانًا لما فعله من أجله. يقول يسوع: «**إِنْ أَحَبَّنِي أَحَدٌ يَحْفَظْ كَلَامِي**» (يوحنا ١٤: ٢٣).

ولكن هناك مشكلة: جيسون يعصي يسوع أحيانًا لأنَّه مثل كلِّ مسيحيٍّ، لا يزال يخطئ. وهكذا، مثل **كلِّ مسيحيٍّ**، يحتاج جيسون إلى **التوبة بانتظام**.

يأمرُ يسوع الجميعَ أن يمارسوا هذا التأديب الروحيَّ الذي يسمَّى التوبة:

«ٱبْتَدَأَ يَسُوعُ يَكْرِزُ وَيَقُولُ: «تُوبُوا لِأَنَّهُ قَدِ ٱقْتَرَبَ مَلَكُوتُ ٱلسَّمَاوَاتِ»». (متى ٤: ١٧)

التوبة هي التحوُّل عن الخطيَّة إلى الله. من الناحية الروحيَّة، التوبة هي ...

بعد السير في اتِّجاه ما

يستدير الشخص للسير في الاتِّجاه الآخر.

التوبة هي انتقال الولاء – يتحالف الشخص التائب مع يسوع بدلًا من خطاياه. التوبة هي الوجه الآخر لعملة الإيمان. وفقًا لكلمة الله، لا يتراجع الإيمان ويأمل في الأفضل. إنَّها ليست ثقة عمياء. بالأحرى، الإيمان هو أن نثق بما نرجو بصفتنا مسيحيِّين ويقيننا بما لا نراه (العبرانيين ١١: ١). إنَّها الثقة بالله ووعوده، وهذه الثقة تقودنا إلى العمل. التوبة هي واحدة من تلك الأعمال الأساسيَّة.

جيسون

تاب جيسون عندما أصبح مؤمنًا. رجع **عن** خطيَّته والتفت **إلى** يسوع بالإيمان. ومع ذلك، على الرغم من أنَّ جيسون أصبح مسيحيًّا مرَّة واحدة فقط، فإنَّه يتعلَّم أنَّ التوبة ليست مجرَّد حدث لمرَّة واحدة. إنَّها جزءٌ منتظم من الحياة المسيحيَّة.

قال معلِّم الكتاب المُقدَّس الشهير مارتن لوثر: «عندما قال ربُّنا وسيِّدنا يسوع المسيح: «**تُوبُوا**» في متَّى ٤، أراد أن تكون حياة المؤمنين بأكملها حياة توبة».[٤] بعبارة أخرى، **التوبة هي ما يفعله شعب الله في هذه الحياة**. لن يتوب جيسون عن كلِّ خطيَّة ارتكبها. لا يوجد مسيحيٌّ يرى الخطيَّة بهذا الوضوح.

لكن جيسون لا يزال يتساءل، **كيف تبدو التوبة عمليًّا؟** إليك إجابة واحدة: بالاعتراف.

---

4 Martin Luther, '95 Theses'. <https://reformed.org/historic–confessions/ the–95–theses–by–martin–luther/>. Date accessed: 9th July 2019.

تَوَقَّف

ما هي التوبة؟ كم مرّة يتوب تلاميذ يسوع؟ ما هي الخطايا في حياتك التي تحتاج إلى التوبة عنها؟

لا يقصد الكتاب المُقدَّس بالاعتراف أنَّه يجب عليك الجلوس في حجرة والتحدُّث إلى كاهن. يعني الكتاب المُقدَّس أن نعترف بخطايانا ونطلب مغفرته. سوف نفكِّر أكثر في كيفيَّة القيام بذلك في الفصل الخاصّ بالصلاة.

في الوقت الحالي، يجب أن نقول إنَّ الاعتراف الحقيقيَّ لا يعني مجرَّد قول آسف والمضيّ قدمًا في الحياة. ليس الاعتراف الحقيقيُّ مجرَّد حزن لأنَّ خطايانا أوصلتنا إلى نوع من المشاكل، والآن علينا التعامل مع العواقب. هذا النوع من الندم هو ما يسمّيه الكتاب المُقدَّس «حُزن العالمِ». ومن ناحية أخرى، فإنَّ الاعتراف الحقيقيَّ يتميَّز **بالحُزن الذي بحسب مشِيئة الله** – وهو أمرٌ مُحزن حقًّا لأنَّ خطايانا تسيء إلى الله. يقول الكتاب المُقدَّس إنَّ حزن العالم يقودنا إلى العيش **بمعزل** عن الله، بينما يقودنا الحزن الذي بحسب مشيئة الله إلى الحياة **مع** الله.

«لِأَنَّ ٱلْحُزْنَ ٱلَّذِي بِحَسَبِ مَشِيئَةِ ٱللهِ يُنْشِئُ تَوْبَةً لِخَلَاصٍ بِلَا نَدَامَةٍ، وَأَمَّا حُزْنُ ٱلْعَالَمِ فَيُنْشِئُ مَوْتًا». (٢ كورنثوس ٧: ١٠)

بدلًا من الموت، يقدِّم الإنجيل الرجاء المسيحي:

إذا اعترفنا بخطايانا،

مهما ارتكبنا من خطايا،

يمكننا الاعتماد على الله ليغفر لنا،

لأنَّ يسوع حمل بالفعل غضب الله عنَّا على الصليب.

إنَّ عقوبة خطايانا أمام الله هي الموت والجحيم. لكن يسوع دفع الدين الذي ندين به لله مقابل خطايانا، ولأنَّ الله عادل دائمًا، فلن يطلب منَّا أبدًا أن ندفع له شيئًا لم نعد مدينين به. يذكِّرنا الكتاب المُقدَّس بهذا:

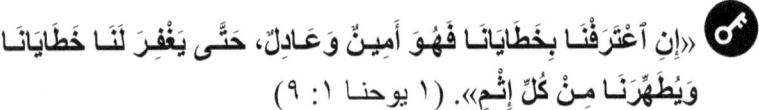

«إِنِ ٱعْتَرَفْنَا بِخَطَايَانَا فَهُوَ أَمِينٌ وَعَادِلٌ، حَتَّى يَغْفِرَ لَنَا خَطَايَانَا وَيُطَهِّرَنَا مِنْ كُلِّ إِثْمٍ». (١ يوحنا ١: ٩)

عندما يعترف جيسون بخطيَّته، فإنَّه يظهر أنَّه يثق بالله للوفاء بهذا الوعد العظيم. إنَّه يعترف بأنَّه خاطئ أثيم، لكنَّه يعترف وبداخله رجاء، لأنَّه يعلم أنَّ الله يغفر الخطايا. عندما يعترف جيسون بخطيَّته، فإنَّه يعترف بأنَّ الله يعرف كلَّ شيء، لذلك من الغباء أن تحاول الاختباء منه.

جيسون

تذكَّر جيسون مرَّة حاول فيها إخفاء الخطيَّة عن الله. لقد ذهب إلى متجر السيِّدة بيرل، وعانقها بشدَّة. لكنَّه عانقها لإلهائها، حتَّى يتمكَّن تشيب وآل من سرقة بعض الطعام من خلف ظهرها. غادر الأولاد المتجر وكأنَّ شيئًا لم يحدث. وبينما كانوا يسيرون في الشارع، احتفلوا، وهم ينظرون إلى المسروقات، معتقدين أنَّهم أفلتوا منها. ولكن

جيسون نظر ورأى شيئًا، رأى مبنى كنيسة قديمًا على جانب الطريق. كان للمبنى نوافذ زجاجيَّة ملوَّنة جميلة. لقد عكست الكثير من الألوان والتاريخ. لكنَّهم لم يفكِّروا كثيرًا فيما يجري داخل تلك الكنيسة. لكن كل ما عرفه جيسون في ذلك الوقت، أنه يمكن أن تكون تلك الكنيسة تعلِّم الأكاذيب. ففي النهاية، من المفترض أن ننظر إلى الزجاج الملوَّن، وليس من خلاله.

أدرك جيسون أنَّ الطريقة التي عامل بها السيِّدة بيرل كانت مثل تلك النوافذ ذات الزجاج الملوَّن - كان عناقه جميلًا من الخارج، لكنَّه كان يخفي قلبًا قبيحًا من الداخل. على الرغم من عدم قدرة أيِّ شخص آخر على الرؤية من خلال زجاجنا الملوَّن، الله قادر على فعل ذلك. بعد أن أصبح جيسون مسيحيًّا، اعترف بخطيَّته للسيِّدة بيرل، والتي فعلت الشيء الأكثر غرابة. فهي بدلًا من اصطحابه إلى الشرطة، أعطته بعض الطعام مجَّانًا. لقد أظهرتْ له الرحمة، بإعفائه من شيء كان يستحقُّه - العقاب. ثمَّ أظهرتْ له النعمة، من خلال إعطائه شيئًا لا يستحقُّه - طعامًا من متجرها. بالنسبة للمسيحيِّين، هذه هي الطريقة التي يعاملنا بها إلهنا الرحيم والسخي في العطاء.

ومع ذلك، لم ينتهِ جيسون من الاعتراف عندما اعترف للسيِّدة بيرل. احتاج أيضًا إلى الاعتراف لله لأنَّ **كلَّ الخطايا هي ضد الله**. فاعترف جيسون لله في الصلاة وطلب مغفرته. عندما فعل جيسون ذلك، حطَّم الزجاج الملوَّن وأظهر ما يحدث بالفعل داخل قلبه.

عندما اعترف جيسون بخطيَّته، وافق على دينونة الله. لقد بدأ يتحوَّل عن الخطيَّة ويلجأ إلى الله.

صحيح أنَّ **التوبة تتطلَّب ما هو أكثر من الاعتراف**، فهي تتطلَّب منَّا أن **نحارب خطايانا**، وليس الاعتراف بها فقط. يتطلَّب ذلك أن

نغيِّر ما نريد،

وكيفيَّة تصرُّفنا،

ومن نثق به.

مرَّة أخرى، نحن بحاجة إلى مساعدة الله لهذا، ولهذا طلب كاتب المزمور من الله أن يخلق قلبًا جديدًا فيه (مزمور ٥١: ١٠). نحن بحاجة إلى معونة الله لأنَّ **التوبة** ليست مجرَّد إصلاح للسلوك السيِّئ. **إنَّها تغييرٌ في القلب** يؤدِّي إلى حياة متغيِّرة. الله وحده قادر على تغيير القلوب!

يجب أن تحتوي التوبة الحقيقيَّة على الاعتراف، ومثل تلميذ جديد، يجب أن يبدأ جيسون من هنا. بينما يتدرَّب جيسون على الاعتراف المنتظم والتوبة، سوف ينمو بمساعدة الله في كراهية الخطيَّة، لأنَّه ينمو ليحبَّ الله بكلِّ ما لديه. هذه هي الوصيَّة الأولى والعُظمى.

يحبُّ تلاميذ يسوع أقرباءهم

قال يسوع: «[والوصيَّة] ٱلثَّانِيَةُ مِثْلُهَا: تُحِبُّ قَرِيبَكَ كَنَفْسِكَ». أمرَ يسوع تلاميذه أن يحبُّوا الله وأقرباءهم. عندما سمع جيسون هذه الوصيَّة، تساءل، «من هو قريبي؟» سأل رجل ناموسي يسوع ذات مرَّة نفس السؤال.

في لوقا ١٠: ٣٠–٣٧، أجاب يسوع عن هذا السؤال بمثَل السامريّ الصالح. ووصف رجلًا تعرَّض للضرب وتُرِكَ ميّتًا. يقول الكتاب المُقدَّس إنَّ الرجل كان «**بَيْنَ حَيٍّ وَمَيْتٍ**». كنتَ لتعتقد أنَّ المتديِّنين الذين رأوا الرجل سوف يساعدونه، لكنَّهم ساروا أمامه. ومع ذلك، اقترب شخصٌ آخر من الرجل، وكان شخصًا لم يكن الرجل يتوقَّعه أو يحترمه؛ شخصًا كان الرجل يعتقد أنه عدوٌّ. لكن بدلًا من المجيء لإيذاء الرجل الذي كان بين حيٍّ وميِّت، جاء العدوُّ ليخدمه.

على عكس المتديِّنين الذين ساروا بجوار الرجل، اعتنى به العدوُّ. استخدم يسوع عدوَّ الرجل بمثابة صورة لما يعنيه «القريب». يأمر الله الجميع أن يكونوا مثل هذا القريب الصالح.

تَوَقَّف

من هو الشخص الذي تعتقد أنَّه عدوٌّ في حياتك؟ عندما يتبادر إلى ذهنك هذا الشخص، كيف تشعر؟ كيف سيكون شكل محبّتك له؟

ما علاقة هذه القصَّة بكونك تلميذًا ليسوع؟ في الإجابة عن سؤال الناموسي، أظهر يسوع أنَّ محبَّة قريبنا تعني محبَّة الناس، وهذا يشمل محبَّة أعدائنا. مَن مِن بيننا فعلَ ذلك على أكمل وجه؟ الرجل الناموسي الذي سأل يسوع السؤال لم يفعل كذلك، جيسون يعرف أنَّه لم يفعل، ويعرف جيسون أنَّ هذا يعني أنَّه لا يستحقّ السماء.

بدون يسوع، فإنَّ جيسون محكومٌ عليه تمامًا مثل هذا الناموسي. لم يُحبَّ أيٌّ منَّا مثل القريب غير المتوقَّع في قصَّة يسوع.

من المستحيل إطاعة أمر يسوع بأن نكون مثل ذلك القريب بسبب خطايانا. ولكن الخبر السار هو أنَّ يسوع حفظ هذه الوصيَّة تمامًا، وقد فعل أكثر من ذلك. أحبَّ يسوع أعداءه بموته من أجلهم على الصليب، وبموته من أجلنا إذا كنَّا نثق به.

«**لِأَنَّهُ إِنْ كُنَّا وَنَحْنُ أَعْدَاءٌ قَدْ صُولِحْنَا مَعَ ٱللهِ بِمَوْتِ ٱبْنِهِ، فَبِٱلْأَوْلَى كَثِيرًا وَنَحْنُ مُصَالَحُونَ نَخْلُصُ بِحَيَاتِهِ!**» (رومية ٥: ١٠)

كلُّ تلميذ ليسوع كان من قبل عدوًّا ليسوع، لكن **يسوع أعاد علاقتنا مع الله**. ومع ذلك، فإنَّ استردادنا إلى الله لا يعني أنَّ وصاياه لم تعد تهمُّنا بعد الآن. تعلَّمنا وصايا الله كيف نعيش. يجب أن نطيعها، وإذا كنَّا ننمو بصفتنا مسيحيِّين فسنريد طاعتهم.

أمر يسوع تلاميذه أن يحبُّوا أقرباءهم، وفي قصَّة الرجل الذي كان بين حيٍّ وميِّت، **أظهر لنا يسوع كيف يبدو هذا الحب**:

فهو يظهر في اللطف والعدالة والرحمة.

يظهر في اتِّضاعنا وتنازُلنا من أجل الآخرين،

لا أن نرفع أنوفنا تجاههم.

يظهر في عملنا من أجل خير قريبنا،

حتَّى لو كان قريبنا يعمل للإساءة إلينا.

يظهر في اقترابنا من أناس قد ابتعد عنهم العالم،

وقضاء الوقت مع الأشخاص الذين يتجاهلهم العالم.

يعنـي هـذا الحـبُّ عـدم معاملـة شـخص مـا علـى أنَّـه مشـكلة لمجـرَّد أنَّ لديـه مشـكلة. يعنـي هـذا الحـبُّ وضـع رغبـات الآخريـن قبـل رغباتنـا. يعنـي هـذا الحـبُّ المـرور بالمتاعـب إذا كان ذلـك سـيُخرج قريبنـا من المتاعب.

كيـف يبـدو حـبُّ التلميذ لقريبـه؟ فـي الأسـاس، يبـدو كثيـرًا مثـل محبَّـة الله لنـا. كلَّمـا عرفنـا محبَّـة الله لنـا، كلَّمـا أحببنـا أعداءنـا وأقرباءنـا.

لا شـكَّ أنَّ هـذا الحـبَّ سـيبدو مختلفًـا حسـب الموقـف. ومـع ذلـك، هنـاك موقـف واحـد يجـب أن نكـون واضحيـن بشـأنه، وهـو عندمـا يسـيء إليـك عـدوُّك، الـذي ربَّمـا يكـون الـزوج أو أحـد أفـراد الأسـرة أو شـخصيَّة ذات سـلطة. أيًّـا كان الأمـر، فلنوضِّـح أنَّ مـا يفعلـه المعتـدي هـو إهانـة لله وليـس هـذا خطـأك.

وإذا تعرَّضـتَ لسـوء المعاملـة، فاعلـمْ أنَّ اللطـفَ والرحمـة تجـاه الشـخص الـذي أسـاء إليـك لا يعنـي البقـاء فـي موقـف خطيـر. مـن فضلـك تحـدَّث إلـى شـخص تثـق بـه حتَّـى يتمكَّـن مـن مسـاعدتك.

جيسون

يتعلَّـم جيسـون أنَّ هـذا النـوع مـن الحـبِّ صعـب. فهـو حـبٌّ يتطلَّـب أن يغفـر لوالـده الـذي تخلَّـى عنـه. يتطلَّـب غفرانـه لأخيـه آل الـذي يسـخر منـه. ومـع ذلـك، بـدأ جيسـون يـرى أنَّـه بينمـا يتبـع يسـوع، تبـدو حياتـه أشـبه بحيـاة يسـوع. كان لـدى يسـوع أشـخاص أحبَّهـم لكنَّهـم تخلُّـوا عنـه وخانـوه، والآن لـدى جيسـون البعـض منهـم أيضًـا.

يدعو اللهُ المسيحيِّين ليس فقط إلى الإيمان بيسوع، ولكن أيضًا أن «يتألَّموا لأجله» (فيلبي ١: ٢٩؛ ٢ تيموثاوس ١: ٨). من المُغري التفكير في أنَّ كونك تلميذًا ليسوع أمرٌ سهل. لكن يبدو أنَّ الكتاب المُقدَّس يشير إلى عكس ذلك: ما أصعب اتِّباع يسوع، وإذا لم يكن كذلك، فمن المحتمل أن يكون هناك خطبٌ ما. لا يعني هذا أنَّ الحياة لا يمكن أن تكون مُمتعة. ولكن حتَّى بلوغنا السماء، تبقى الحياة المسيحيَّة حياة الفرح والحزن (٢ كورنثوس ٦: ١٠). يقول الكثير من الناس الذين يسمُّون أنفسهم وعَّاظًا وكارزين إنَّ يسوع جاء ليجعل تلاميذه أغنياء وغير مُختبرين الألم أو المعاناة في هذه الحياة. **إذا أخبرك أيُّ شخص بذلك اركض من أمام وجهه إلى الاتِّجاه الآخر لأنَّه أينما جاءت هذه الفكرة، فإنَّ الكتاب المُقدَّس لا يطرحها.**

ففي النهاية، لم يحيا يسوع حياة سهلة، وانتهى به الأمرُ على الصليب. **وإذا كنَّا سنتبع يسوع بصفته قائدنا**، فعلينا أن نفعل ما يقوله ونحمل صلباننا.

«**وَقَالَ لِلْجَمِيعِ: «إِنْ أَرَادَ أَحَدٌ أَنْ يَأْتِيَ وَرَائِي، فَلْيُنْكِرْ نَفْسَهُ وَيَحْمِلْ صَلِيبَهُ كُلَّ يَوْمٍ، وَيَتْبَعْنِي»**». (لوقا ٩: ٢٣)

عبارة «احمل صليبك»، تعني أنَّ اتِّباع يسوع به نوع من الموت لأنَّنا نتخلَّى عمَّا نريد إذا لم يكن هذا ما يريده. كما قال ريتشارد تشين (Richard Chin): «يعني حملُ الصليب أن نعتقد، بصفتنا تلاميذ ليسوع، أنَّه من الأفضل أن نموت بدلًا من عصيان يسوع. كذلك يعتقد التلاميذ أنَّ الموت أفضل من السرقة. وأنَّه من الأفضل أن تموت بدلًا من __________ (أدْخِل أيَّة خطيَّة تجاهد ضدها)».[5]

[5] Richard Chin, ‘Seeing Jesus Properly: The Lord to Gladly Obey Forever’, CROSS Conference, Kentucky International Convention Center, Dec. 27–30, 2013.

على الرغم من كلّ هذا الحديث عن الموت، بدأ جيسون يرى أن اتّباع يسوع يقود إلى الحياة، تمامًا كما وعد يسوع (متى ١٦: ٢٥). على الرغم من اجتيازه بعض الأيام الصعبة، يرى جيسون أنَّ الحياة مع يسوع أصعب، لكنّها أفضل. فإنَّ جيسون ينعم بسلام لا يمكن لأحد أن ينتزعه منه، حتّى المستهزئون مثل آل. لذا يريد جيسون أن يتبع كلمة الله أكثر وأكثر. إنّه لا يفهمها بشكل كامل في كلّ مرّة، لكنّه يريد أن يعرفها أكثر وأكثر. هذا هو التدريب الذي نريد أن ننظر إليه بعد ذلك: قضاء الوقت مع الله، تحديدًا من خلال قراءة كلمته.

آيات للحفظ

«وَقَالَ لِلْجَمِيعِ: «إِنْ أَرَادَ أَحَدٌ أَنْ يَأْتِيَ وَرَائِي، فَلْيُنْكِرْ نَفْسَهُ وَيَحْمِلْ صَلِيبَهُ كُلَّ يَوْمٍ، وَيَتْبَعْنِي»». (لوقا ٩: ٢٣)

مُلخَّص

في هذا الفصل، تعلَّمنا أنَّ التلميذ هو الشخص الذي يسلك في طريق تعلُّم إطاعة كلّ ما يأمر به المسيح؛ والتي تعني، باختصار، محبَّة الله ومحبَّة قريبنا. ونحن لا نفعل ذلك دائمًا، لذا فإنَّ جزءًا طبيعيًّا من الحياة المسيحيَّة هو الاعتراف بالخطيَّة عندما نبدأ في التوبة عنها، والتوجُّه إلى الله الذي مات من أجل أعدائه.

ما المقصود؟

يقرأ أتباعُ يسوع الكتابَ المُقدَّس، ذلك الكتاب الفريد والنافع.

٢- الكتاب المُقدَّس: الاستماع إلى اللّه (الجزء الأول)

جيسون

في حياة جيسون ذكرياتٌ قليلة عن والده. بالطبع، يعلم أنَّه كان أنانيًّا. أيُّ نوع من الآباء هذا الذي يتخلَّى عن أسرته ويسلبهم أموالهم؟ لكن في الوقت نفسه، لم يكن جيسون يعرف والده حقًّا، وكان ذلك دائمًا ما يسبِّب له حزنًا بعض الشيء.

بذلت والدة جيسون، ماري، قُصارى جهدها لملء الفراغ الذي تركه والد جيسون. عملت لساعات طويلة لتستطيع توفير طعام على المائدة. في بعض الأحيان كانت تصل إلى المنزل قبل أن ينام جيسون، وكانت ترنِّم له ترانيم عن يسوع بينما كان جيسون يغفو. لكن غالبًا ما كان جيسون يجلس في المنزل بمفرده، في أوقات النوم وتناول الوجبات.

بالطبع لم يكن الغداء مشكلة، لأنَّ جيسون كان يتناول طعامه في معظم الأيام في المدرسة. كان يجلس في مكانه المعتاد مع أصدقائه – مع تشيب عن يساره وآل عن يمينه. لقد أدرك جيسون أن بجلوسه بينهما كانا وكأنَّهما يُشكِّلان شطيرة (ساندوتش)، وقد كانت أفضل من أي شطيرة يمكن

أن يحصلا عليها في المدرسة. وقد أحبَّ جيسون ذلك. لم يكن لدى الأولاد الكثير، لكن كان لديهم بعضهم البعض، وكان ذلك كافيًا لجعلهم ملوكًا في الكافيتريا المُهمَلة الصاخبة.

كان العشاء في المنزل صعبًا لأنَّ جيسون كان يأكل عادةً بمفرده. عندما كان طفلًا، غالبًا ما كان ينظر إلى الكرسيِّ الفارغ حيث تجلس والدته، إذا كان بإمكانها الانضمام إليه، ويتساءل عمَّا سيكون عليه الحال إذا جلس والده بدلًا منها. وإذا ظهر، حتَّى لو لليلة واحدة، ما الذي سيتحدَّثان عنه؟ أي نوع من الطعام يحب؟ هل سيقول نكتة يومًا ما، وهل ستكون مضحكة؟ يعرف الجميع على الأقلِّ نكتة واحدة جيِّدة، أليس كذلك؟

لقد مرَّت عقود منذ ذلك العشاء المنعزل، ويدرك جيسون الآن أنَّ ما يحزنه لم يكن أنَّ والده لم ينفق المال عليه؛ ما يحزنه هو أنَّ والده لم يقضِ وقتًا معه. لم يتعرَّف جيسون على والده أبدًا. ففي النهاية، كيف يمكنك التعرُّف على والدك بدون التحدُّث معه والاستماع إليه؟

ينطبق الشيءُ نفسه على الله. وبصفته مسيحيًّا، فإنَّ جيسون الآن هو أحد أبناء الله، وسوف يتعرَّف على أبيه من خلال قضاء الوقت معه والاستماع إليه. ومع ذلك، على عكس والد جيسون الأرضيِّ، فإنَّ والد جيسون السماويَّ لن يتركه أبدًا. فوعد الله هو:

«لَا أُهْمِلُكَ وَلَا أَتْرُكُكَ».

أيـن وجـد جيسـون هـذا الوعـد؟ وجـده فـي الكتـاب المُقـدَّس فـي العبرانييـن ١٣: ٥. سمع الواعظ فـي الكنيسـة يتحـدَّث عـن ذلـك، وظـلَّ الـكلام عالقًـا فـي ذهنـه.

يركِّـز الفصـلان التاليـان علـى قـراءة الكتـاب المُقـدَّس، لأنَّ قـراءة الكتـاب المُقـدَّس ليسـت اختياريَّـة بالنسـبة للمسيحيِّين. إنَّهـا أساسيَّـة. إنَّـه أمـرٌ ضـروريٌّ. يشـبه المسيحيَّ الـذي يحـاول أن ينمـو فـي التقـوى دون قـراءة الكتـاب المُقـدَّس، النبـاتَ الـذي يحـاول أن ينمـو بـدون مـاء وضـوء. تُعَـد قـراءة الكتـاب المُقـدَّس جانبًـا حاسـمًا فـي تدريـب التلميـذ. لمـاذا؟! ثمَّـة سـببان:

أوَّلًا، الكتاب المُقدَّس هو كتاب فريد من نوعه. يكشف الكتاب المُقدَّس

من هو اللَّه

وما يحبُّ

ولا يوجد كتاب مثله.

كلُّ كتـاب آخـر، بمـا فيهـا هـذا الكتـاب، هـو غيـر كامـل. **الكتـاب المُقـدَّس كامـل.** إنَّـه حـقٌّ (يوحنـا ١٧:١٧). كلُّ كتـاب آخـر مكتـوب مـن قِبَـل النـاس فقـط. **الكتـاب المُقـدَّس مكتـوب مـن قِبَـل اللَّه** (٢ تيموثـاوس ٣: ١٦). الكتـاب المُقـدَّس، أو «كلمـة اللَّه»، هـو **كلام اللَّه للنـاس**. مثلمـا نتحـدَّث إلـى شـخص مـا عندمـا نكتـب لـه رسـالة، فـإنَّ اللَّه **يتحـدَّث إلـى النـاس مـن خـلال كلمتـه**. لذلـك يقـرأ التلاميـذ مثـل جيسـون كتبهـم المُقـدَّسة لكـي يعرفـوا اللَّه بشـكل أفضـل.

متى أراد جيسون أن يعرف ما يقوله الله،

فإنَّ كلَّ ما عليه فعله هو قراءة كتابه المُقدَّس.

يشعر الكثير من الناس أنَّهم لم يسمعوا شيئًا من الله أبدًا، ويفترضون أنَّه إذا كان حقيقيًّا لكانوا قد سمعوه. قد يتوسَّل هؤلاء الأشخاص إلى الله أن يتحدَّث إليهم، ليُظهر لهم علامة أو آية عظيمة، لكن كُتبهم المُقدَّسة مُغطَّاة بالتراب طوال الوقت. إنَّهم لا يقرأون كلمة الله. إنَّهم لا يقرأون عن الآيات التي تمَّت بالفعل أو عن الأشخاص الذين توسَّلوا للحصول على آية بدلًا من مُخلِّص (متى ٤: ١٦؛ يوحنا ١٢: ٣٧).

بنعمة الله، أزال جيسون الغبار المتراكم على كتابه المُقدَّس. وكلّما قرأه، لاحظ مقدار ما تقوله كلمة الله.

- **يسمِّي الله كلمته بالنار والمطرقة (إرميا ٢٣: ٢٩) «أَلَيْسَتْ هَكَذَا كَلِمَتِي كَنَارٍ، يَقُولُ ٱلرَّبُّ، وَكَمِطْرَقَةٍ تُحَطِّمُ ٱلصَّخْرَ؟»** كلمة الله مقتدرة في فعلها. لديها القدرة على إطلاق الحرارة وتدفئة قلوبنا الباردة حتَّى نتمكَّنَ من قبول حقِّ الله. لديها القدرة على تحطيم القلوب الحجريَّة حتَّى نتمكَّن من قبول الحقيقة.

- **يسمِّي الله كلمته سيفًا (أفسس ٦: ١٧) «وَخُذُوا ... سَيْفَ ٱلرُّوحِ ٱلَّذِي هُوَ كَلِمَةُ ٱللهِ»**. يدافع التلاميذ عن أنفسهم من غواية وتجربة الخطيَّة والشيطان بسيف كلمة الله. حتى إنَّه في العبرانيين ٤: ١٢،

يقول الله إنَّ كلمته أقوى من السيف، ولأنَّها كذلك، يمكنها وحدها أن تخترق القلوب بالحقّ.

- **يدعو الله كلمته نورًا (مزمور ١١٩: ١٠٥)** «**سِرَاجٌ لِرِجْلِي كَلَامُكَ وَنُورٌ لِسَبِيلِي**». ترشدنا كلمة الله. وبدون كلمة الله، نضيع ونضلُّ في الطريق الخاطئ. من خلال كلمة الله، يمكننا أن نرى الحقيقة في هذا العالم المظلم.
- **يدعو الله كلمته باللّبن (١ بطرس ٢: ٢)**. «**وَكَأَطْفَالٍ مَوْلُودِينَ ٱلْآنَ، ٱشْتَهُوا ٱللَّبَنَ ٱلْعَقْلِيَّ ٱلْعَدِيمَ ٱلْغِشِّ لِكَيْ تَنْمُوا بِهِ**». عندما يأتي الطفل إلى العالم، لا يستطيع أن يدافع عن نفسه. يجب إطعامه. والشيء الرئيسي الذي يطعمه الوالد للطفل هو الحليب. وبالمثل، نحن بصفتنا مسيحيِّين لا نستطيع أن نعول أنفسنا. بالأحرى إنَّ أبانا هو من يغذِّينا بكلمته، ويغذِّي إيماننا. إنَّ كلمة الله تحافظ على صحَّتنا وازدهارنا. يعرف جيسون شعور تفويت وجبة ما والمعاناة في ذلك. إذا لم نتناول الطعام لبضعة أيام، سنبدأ في الضمور. ينطبق الأمرُ نفسه على نفوسنا إذا أهملنا طعام كلمة الله. عرف يسوع هذا. ففي متى ٤، يقتبس تثنية ٨: ٣ عندما جرَّبه الشيطان. عرف يسوع أنَّ الطعام المادِّيَّ ليس ما نحتاجه في النهاية للبقاء على قيد الحياة؛ أكثر ما نحتاجه هو كلمة الله.

هل ترى من الآيات السابقة كيف أنَّ كلمة الله تختلف عن أيِّ حرف يمكن أن نكتبه؟ **الكتاب المُقدَّس كتابٌ فريد،** وعلى المسيحيِّين أن يتعاملوا معه على هذا الأساس.

جيسون

ذاتَ مرَّة، تلقَّى جيسون فصلًا دراسيًّا في الجامعة عن الكتاب المُقدَّس، والذي كان يعلِّم به شخصٌ مُلحد. التحق كثيرٌ من المسيحيِّين بهذا الفصل. ومع ذلك، سأل الأستاذ الطلَّاب في اليوم الأوَّل عن عدد الذين قرأوا سلسلة هاري بوتر (Harry Potter). فارتفعتْ العديدُ من الأيدي. ثمَّ طلب من الطلَّاب أن يرفعوا أيديهم إذا كانوا قد قرأوا الكتاب المُقدَّس بأكمله. فانخفضت الكثيرُ من الأيدي.

قال الأستاذ: «إذًا، الكتابُ الذي تعتقد أنَّ من كتبه هو الشخصُ الذي وضع الكواكب في السماء؛ أنت لم تقرأه؟ هذا مثيرٌ للاهتمام». على الرغم من أنَّه كان قد رفضَ الله، فقد أدرك هذا الأستاذ الفكرة: إذا كان الكتاب المُقدَّس هو ما يقوله الله، فهو كتابٌ لا مثيل له.

في ٢ تيموثاوس ٣: ١٦، يقول الله عن كلمته: «**كُلُّ ٱلْكِتَابِ هُوَ مُوحًى بِهِ مِنَ ٱللهِ، وَنَافِعٌ لِلتَّعْلِيمِ وَٱلتَّوْبِيخِ، لِلتَّقْوِيمِ وَٱلتَّأْدِيبِ ٱلَّذِي فِي ٱلْبِرِّ**». هل أدركتَ ذلك؟ يقول الله نفسُه إنَّ الكتاب المُقدَّس مفيد لتدريبنا وتأديبنا.

تَوَقَّف

بأيَّة طرق يُشبه الكتاب المُقدَّس الكتبَ أو الرسائل الأخرى التي قرأتها؟ وبأيّ الطرق هو مُختلف؟ كيف رأيتَ قوَّة كلمة الله في حياتك؟

إليكم السبب الثاني لفائدة الكتاب المُقدَّس لتدريبنا: **يخبرنا يسوع جميعًا بما يوصي به في الكتاب المُقدَّس**. تذكَّر، التلميذ هو شخص يتعلَّم أن يطيع كلَّ ما أوصى به يسوع. كلَّما قرأنا الكتاب المُقدَّس، وجدنا المزيد من الإرشادات حول كيفيَّة التدرُّب على التقوى، وهذه التعليمات هي جزء من كلِّ ما أوصانا يسوع بطاعته.

جيسون

وإذ كانوا ينمون، لم يفهم جيسون وتشيب وآل ما هو الكتاب المُقدَّس. يعتقد آل أنَّه كان مجموعة من القصص الدينيَّة، أو كتاب قوانين. كان تشيب يمزح قائلًا إنَّه كتاب يشرح كيف انقرضت الديناصورات. لكن الآن، مثل جميع التلاميذ الذين يقرأون الكتاب المُقدَّس بانتظام، اكتشف جيسون أنَّ الأمر أكثر من ذلك بكثير. وهو يرى أنَّه على الرغم من وجود قوانين في الكتاب المُقدَّس، فإنَّها ليست قوانين لإبعاد جيسون عن الفرح، بل إنَّ هذه القوانين تقود جيسون إلى الفرح. ومثل الوالدين الطيِّبين اللذين يأمران ابنهما بالابتعاد عن الموقد الساخن، يعطي الله قوانين لخيرنا.

عادةً ما يعتقد الناس أنَّ الكتاب المُقدَّس عبارة عن مجموعة من القوانين لأنَّهم يظنُّون أنَّه يجب عليهم حفظ مجموعة

من القوانين ليكونوا أشخاصًا صالحين. وعندما يجدون أنَّهم لا يستطيعون حفظ تلك القوانين، فإنَّهم يقولون إنَّ القوانين قد سحقتهم. لهذا السبب يعتقد الكثيرُ من الناس أنَّ كلمة الله «جائرة». يعرف جيسون أنَّه لا يستطيع دائمًا الالتزام بقوانين الله. إنَّه يعلم أنَّه ليس شخصًا صالحًا. لكنَّه يفرح لأنَّ الكتاب المُقدَّس يقول إنَّ يسوع قد سُحق لأجلنا، حتَّى نكون أحرارًا؛ أحرارًا في العيش وفقًا لما أوصى به يسوع في الكتاب المُقدَّس.

يبدأ تدريبنا بكلمة الله، ونبدأ من هناك لأنَّ كلمة الله خلقت وأبدأت كلَّ شيء. تكلَّم الله فظهرت الخليقة إلى الوجود. انظر فقط إلى تكوين ١، ولاحظ عدد المرَّات التي تتكرَّر فيها عبارة: «**قَالَ ٱللهُ**». لم تبدئ كلمة الله الخلق فحسب، بل قد أبدأت أيضًا خلقًا **جديدًا**. يقول الكتاب المُقدَّس إنَّ المسيحيِّين مخلوقاتٌ جديدة:

«**إِذًا إِنْ كَانَ أَحَدٌ فِي ٱلْمَسِيحِ فَهُوَ خَلِيقَةٌ جَدِيدَةٌ: ٱلْأَشْيَاءُ ٱلْعَتِيقَةُ قَدْ مَضَتْ، هُوَذَا ٱلْكُلُّ قَدْ صَارَ جَدِيدًا**». (٢ كورنثوس ٥: ١٧)

تذكَّر أنَّه كانت هناك نسخة قديمة من جيسون قبل أن يصبح مسيحيًّا. الآن بعد أن وثق جيسون بالمسيح، صارت منه نسخة جديدة، النسخة التي لا يحبُّها بعض أصدقائه، مثل آل. كيف نشأ جيسون الجديد هذا؟ حدث ذلك لأنَّ جيسون سمع كلمة الله. فما سمعه اخترق قلبه. أزال القشور عن عينيه حتَّى يرى الحقيقة. باختصار، وهب الكتاب المُقدَّس الإيمانَ لجيسون؛ هذا ما تفعله كلمة الله، تمامًا كما تقول:

«إِذًا ٱلْإِيمَانُ بِٱلْخَبَرِ، وَٱلْخَبَرُ بِكَلِمَةِ ٱللهِ». (رومية ١٠: ١٧، انظر أيضا يعقوب ١: ١٨)

بصفته خليقة جديدة، نجا جيسون من غضب الله. ومن المؤكَّد أنَّه لم يتحرَّر بعد من الخطيَّة في قلبه وعقله، ممَّا يعني أنَّ عقله بحاجة إلى التجديد (رومية ١٢: ٢). إحدى الطرق الرئيسيَّة التي يجدِّد الله بها أذهاننا هي من خلال كلمته. إليك إحدى الطرق التي يمكننا بها التفكير في عملية التجديد هذه.

توضيح

تخيَّل أنَّ عقل جيسون عبارة عن كوب به قذارة عالقة في القاع.

نريد تنظيف الكوب، لكن الأشياء القذرة كانت متراكمة هناك منذ سنوات؛ وهي جافَّة ويصعب تنظيفها. لذلك لا يمكننا فقط قلب الكوب لنسكب منه القذارة.

وإليك كيفيَّة تنظيف الكوب: نصبُّ الماء النظيف فيه. كلَّما دخلت المياه النظيفة، خرجتْ القذارة. في النهاية، سوف يفيض الكوب وستبدأ الأشياء القذرة في التدفُّق.

ينطبق نفس الأمر على أذهاننا – **فنحن بحاجة إلى لبن (حليب) كلمة الله لتنقية أذهاننا وتنميتنا**. لن ننظِّفَ أذهاننا تمامًا قبل وصولنا السماء، ولكن يجب أن نجتهد لتنظيفها من خلال كلمة الله.

وقد رأينا أنَّ كلمة الله أبدأتْ الخلق، وصنعتْ خلقًا جديدًا، وهي تجدِّد أذهاننا. كما تحمل كلمة الله كلَّ شيء. تقول الرسالة إلى العبرانيين ١: ٣ إنَّ يسوع يحمل الكون بكلمة قدرته. هذه هي فرحة قراءة الكتاب المُقدَّس؛ نتعرَّف على ربِّنا ومخلِّصنا بشكل أفضل! السبب الوحيد الذي يجعل هذا الكتابَ بين يديك ويحميك أنت نفسك من الانهيار هو أنَّ يسوع يحمل كلَّ الأشياء معًا.

عمليًّا، كيف تدرِّب هذه الحقائق التلاميذ؟ كيف لا نرى فقط ما **تقوله** كلمة الله، بل ما **تعنيه**؟ في الفصل التالي، سنرى كيف يجيب جيسون عن أسئلة عمليَّة مثل هذه. في الوقت الحاليّ، سننهي هذا الفصل بالإجابة عن سؤال يعاني منه الكثيرُ من الناس عندما يبدأون في قراءة الكتاب المُقدَّس: «**من أين أبدأ؟**» هل يجب علينا فقط إغلاق أعيننا، وفتح كتبنا المُقدَّسة، وقراءة أيَّة صفحة نصل إليها؟

يمكنك ذلك، ولكن إليك خمسة اقتراحات لبدء قراءة الكتاب المُقدَّس بحكمة:

١. **ابدأ بقراءة إنجيل مرقس.** هذا السفر بسيط وجيِّد خاصَّةً للمسيحيِّين الجدد. ابدأ ببضع آيات في اليوم واستمتع بها.

٢. **ابدأ القراءة مع راعي كنيستك (أو مرشدك الروحي/قائد مجموعتك).** سنتحدَّث عن هذا في الفصل السادس، ولكن يجب على كلِّ مسيحيٍّ الانضمام إلى الكنيسة. من الطرق المفيدة لقراءة الكتاب المُقدَّس أن تقرأ أيَّ مقطع يعظ به واعظك. تعلن بعض الكنائس عن جدول العظات في وقت مبكِّر.

إذا كانت كنيستك لا تفعل ذلك، اسأل واعظك عمَّا يعظ به في الأسبوع القادم. إذا كان لا يعرف ما سيعظ به، انظر إلى ما كان يعظ به في الماضي. ويمكن معرفة ما إذا كان هناك سجل للعظات القديمة من تصفُّح الإنترنت. سواء كانت العظات من الماضي أو الحاضر، فإنَّ قراءة الكتاب المُقدَّس بمثل هذه الطريقة تسمح لك بسماع كيف يفكِّر المسيحيُّ الأكثر نضجًا (راعيك) من خلال الكتاب المُقدَّس. وإذا كان بإمكانك قراءة نصِّ العظات القادمة، فسيكون قلبك أكثرَ استعدادًا لتلقِّي وجبة كلمة الله.

٣. **ابدأ القراءة مع مَلِك.** هناك ٣٠ أو ٣١ يومًا في الشهر، باستثناء فبراير. يوجد ٣١ مثلًا كتبها الملك سليمان. لماذا لا تقرأ فصلًا من سفر الأمثال يوميًّا؟ إذا كان هذا هو اليوم الثالث من الشهر، فاقرأ أمثال ٣. إذا كان اليوم هو اليوم الرابع والعشرون من الشهر، فاقرأ أمثال ٢٤. فهذه عادة رائعة يجب تطويرها. الأمثال عمليَّة، ومن الواضح أنَّها تعلِّم المسيحيِّين كيف يعيشون. اقرأ جنبًا إلى جنب مع الملك سليمان، وسوف يكون نظامك الغذائيُّ للكتاب المُقدَّس مليئًا بالحكمة.

٤. **ابدأ القراءة مع مسيحيٍّ أكثر نموًّا.** اسأل مسيحيًّا أكثر نموًّا عمَّا يقرأه، واعرف ما إذا كان يرغب في أن يوضِّح لك كيف يدرس الكتاب المُقدَّس. ربَّما سيكونون على استعداد لبدء قراءة الكتاب المُقدَّس معك. اسأل راعي الكنيسة عمَّا إذا كان هناك أيُّ شخص في الكنيسة يسعده القراءة معك.

٥. **ابـدأ القـراءة بخطَّـة قـراءة الكتـاب المُقـدَّس.** هنـاك خطـط مختلفـة تجعلـك تتعـرَّف علـى أجـزاء مختلفـة مـن الكتـاب المُقـدَّس بسـرعات مختلفـة. يمكنـك العثـور علـى خطـط الكتـاب المُقـدَّس علـى الإنترنـت؛ مـن المحتمـل أن يوجِّهـك القسُّ إلـى واحـدة منهـا. ليسـت هنـاك خطَّـة أفضـل بالضـرورة مـن غيرهـا. إذا كنـت تتلقَّـى المسـاعدة لاتِّبـاع يسـوع بالطريقـة التـي تقـرأ بهـا الكتـاب المُقـدَّس، فاسـتمرَّ فـي قـراءة الكتـاب المُقـدَّس بهـذه الطريقـة. كمـا يقـول المثـل، «**إن كان الأمـر جيِّـدًا، فمـا حاجتـك إلـى تغييـره**».

لخطـط الكتـاب المُقـدَّس فوائـد واضحـة: فهـي توفِّـر التوجيـه. إنَّهـا تنقلـك إلـى أجـزاء مـن الكتـاب المُقدَّس قـد لا تقرأهـا أو تسـمعها بطريقـة أخـرى. يمكنهـا إظهـار روابـط الكتـاب المُقـدَّس بطـرق ربَّمـا لـم ترهـا بطريقـة أخـرى. ومـع ذلـك، فإنَّ التحذيـر فـي محلِّه: مـن الممكـن أن تكـون خطـط قـراءة الكتـاب المُقـدَّس غيـر متناسـبة مـع قدراتـك. فأحيانًـا يشـعر النـاس بالارتبـاك أكثـر ممَّـا يسـاعدهم هـذا الأمـر. لقـد قيـل: «حـاول أن تُصـوِّب نحـو القمـر، حتـى إنَّـك إن أخفقـت، فقـد تصيـب النجـوم». بينمـا يبـدو هـذا ملهمًـا، فقـد ينطلـق مؤمـن جديـد متحمِّسًـا ليقـرأ الكتـاب المُقـدَّس بالكامـل فيقـع نظـره علـى شـرائع الطعـام فـي سـفر اللاوييـن. بالطبـع، تعلِّمنـا الشـريعة الموسـويَّة عـن الله. ولكـن إذا لـم تكـن متأكِّـدًا مـن أيـن تبـدأ قـراءة الكتـاب المُقـدَّس، فقـد لا تكـون الشـرائع العرقيَّـة فـي أعمـق صورهـا تحـت نامـوس العهـد القديـم هـي أفضـل مـكان للبـدء.

ومهما فعلت – **ابدأ القراءة**. وتمَسَّكْ بما تفعل والتزم به.

توضيح

إذا كنتَ قد سافرتَ على متن طائرة، فإنَّهم يتحدَّثون عن كيفيَّة تدفُّق الأكسجين حتَّى لو لم ينتفخ القناع عندما تسقط أقنعة الأكسجين. وينطبقُ نفس الشيء على قراءتنا للكتاب المُقدَّس. حتَّى لو لم تتمكَّن من رؤية أيِّ شيء يحدث، فإنَّ الأكسجين يتدفَّق. اقرأ الكتاب المُقدَّس وتنفَّس كلمة الحياة.

آيات للحفظ

«**وَكَأَطْفَالٍ مَوْلُودِينَ ٱلْآنَ، ٱشْتَهُوا ٱللَّبَنَ ٱلْعَقْلِيَّ ٱلْعَدِيمَ ٱلْغِشِّ لِكَيْ تَنْمُوا بِهِ**». (١ بطرس ٢: ٢)

مُلخَّص

لا تقدَّر عادة قراءة الكتاب المُقدَّس بثمن بالنسبة للمسيحيِّين لأنَّ الكتاب المُقدَّس لا يشبه أيَّ كتاب آخر، ويخبرنا يسوع بكلِّ ما يوصينا به في الكتاب المُقدَّس. في الكتاب المُقدَّس، نتعلَّم من هو الله وماذا يحبُّ. الكتاب المُقدَّس كامل وقويٌّ ومفيد لتدريبنا على البرِّ.

ما المقصود؟

يمكن لأتباع يسوع
قراءة الكتاب
المُقدَّس من دون
طريقة P.O.I.A

٣- الكتاب المُقدَّس: الاستماع إلى الله (الجزء الثاني)

جيسون

صار إيدي مُرشدًا روحيًّا لجيسون. وهو يُعلِّم جيسون كيف يتبع يسوع، ويبدأ بكيفيَّة قراءة الكتاب المُقدَّس.

قال جيسون لإدي: «فهمتُ أنَّ عليَّ أن أقرأه. وعلى الرغم من ذلك، ليس لديَّ أيَّة فكرة عن كيفيَّة القيام بهذا. لقد اكتشفتُ للتوِّ من أين أبدأ القراءة».

قال إيدي: «هذا جيِّد! نبدأ جميعنا من مكان ما». ذهب إيدي لتعليم جيسون طريقة .P.O.I.A، وهي طريقة من طرق قراءة الكتاب المُقدَّس، تعني: **صلِّ، لاحظ، فسِّر، وطبِّق** (Pray, Observe, Interpret, and Apply). ليست هذه هي الطريقة الوحيدة لقراءة كلمة الله بإخلاص، لكنَّ كثيرين من التلاميذ استفادوا منها.

حين يقرأ التلاميذ الكتاب المُقدَّس، فإنَّهم يصلُّون...

يصلِّي كاتب المزمور ١١٩ صلاة بسيطة بينما يقرأ كلمة الله: «**اكْشِفْ عَنْ عَيْنَيَّ فَأَرَى عَجَائِبَ مِنْ شَرِيعَتِكَ**» (الآية ١٨).

يدرك الكاتب أنَّه يحتاج إلى مساعدة الله إذا كان يريد أن يفهم كلمة الله، لذلك يطلبها. سنعودُ إلى الصلاة في فصلنا التالي، ولكن في الوقت الراهن، يجب أن نلاحظ أنَّه من الممارسات الجيِّدة أن نأتي إلى الله بالصلاة قبل أن نصل إلى كلمته. يدلُّ ذلك على أنَّ قلوبنا متواضعة، إذ ندرك حاجتنا، كما يُظهر ذلك أنَّ قلوبنا جائعة. لذا نطلب، مثل طفل يطلب من والديه طعامًا.

حين يقرأ التلاميذُ الكتابَ المُقدَّس، فإنَّهم يلاحظون ويدقِّقون...

عندما نقرأ الكتاب المُقدَّس، فإنَّ أحد الأسئلة الأولى التي يجب أن نطرحها هو: «ماذا يقول؟» قد يبدو هذا بديهيًّا، لكن غالبًا ما تكون الأسئلة البديهيَّة هي أهمُّ الأسئلة، وغالبًا ما تكون هي الأسئلة التي نتخطَّاها. لمعرفة ما تقوله الفقرة، يجب أن نطرح أسئلة مثل:

- ماذا تقول الفقرة عن الله؟
- ماذا تقول عن الناس وحاجتهم إلى الله؟
- ماذا تقول الفقرة عن الخطيَّة؟
- ماذا تقول عن يسوع؟ كيف تشير الفقرة إلى يسوع؟
- هل ترشدني الفقرة إلى كيف يجب أن أعيش؟ إذا كان الأمر كذلك، فكيف؟

ليس هناك ترتيب محدَّد يتعيَّن علينا اتِّباعه عند طرح هذه الأسئلة. ومع ذلك، بدأت هذه القائمة بسؤال عن الله لأنَّه من السهل

جدًّا التركيز على أنفسنا عندما نقرأ الكتاب المُقدَّس. نحن مُعرَّضون لنسيان أنَّ الكتاب المُقدَّس هو رسالة الله. يتعلَّق الأمر بالله أوَّلًا وقبل كلِّ شيء، وليس بنا نحن.

بالطبع، لا أحدَ يستطيع أن يجيب عن هذه الأسئلة بمجرَّد قراءة فقرة واحدة. **مفتاح التدقيق** هو قراءة المقطع وإعادة قراءته وإعادة قراءته المرَّة تلو الأخرى.

ركِّز فيه.

اقرأه بصوت عالٍ.

ضع علامة على الكلمات المتكرِّرة.

إذا كان الكتاب المُقدَّس الخاصُّ بك يحتوي على مصادر ترافقيَّة، فابحث عنها. تعرَّف على من يتحدَّث ولماذا. للقيام بأيٍّ من هذا، يجب عليك **القراءة وإعادة القراءة والقراءة مرَّة أخرى!**

عندما يقرأ التلاميذ الكتاب المُقدَّس، فإنَّهم يفسِّرونه...

إذا كان التدقيق يطرح السؤال: «ماذا تقول الفقرة؟» فإنَّ التفسير يطرح السؤال: «ماذا تعني الفقرة؟»

توضيح

إذا كانتْ ابنتي تَهُمُّ بالخروج، وقلتُ: «تحكَّمي في خيولك (أي تريَّثي)!» لما ظنَّتْ أنَّني أريدُها حرفيًّا أن تمسك بتلك الحيوانات التي تجري ولديها حوافر، وسأكون أبًا غريبًا إذا فعلت ذلك.

بـل بالحـريّ، سـتُدرك أنّــه علـى الرغـم ممّـا قلتــه، فــإنّ مـا قصدتــه هو أنّها بحاجة إلى التريُّث والتحلّي بالصبر.

نريـد أن نفهـم مـا يقولـه الله فـي كلمتـه ومـا يعنيـه أيضًـا. وإلّا فقد نفقد مـا يريـد أبونـا السـماويُّ أن يقولـه لنـا لأنّنـا مشـغولون جـدًّا بالإمسـاك بالخيـول.

تتمثّـلُ إحـدى الطـرق المُفيـدة لمعرفـة مـا تعنيـه الفقـرة فـي النظـر إلـى سـياقها مـن كثـب. **السـياق هـو مـا يأتـي قبـل وبعـد المقطـع.** من المفيد معرفة مكانك في القصّة.

مـن دون سياق، يمكـن لأيِّ شـخص أن يجعـل الكتـاب المُقـدَّس يقـول أيَّ شـيء.

مـن دون سـياق، مـن الصعـب فهـم النقطـة الرئيسـيَّة للكاتـب وكيـف كان مـن الممكـن أن يسـمعها مُسـتمعيه الأصليُّـون، ولذلـك مـن الصعـب معرفـة كيـف يجـب أن نسـمعها.

السـياقُ هـو أحـدُ أكثـر حواجـز الحمايـة إفـادة لإبقائنـا علـى الطريـق الـذي أرادنـا الله أن نقـرأ الكتـاب المُقدَّس بموجبـه. لقـد قيـل إنّ أهـمَّ ثـلاث قواعـد لقـراءة الكتـاب المُقـدَّس هـي:

١. **السياق،**

٢. **السياق،**

٣. **السياق.**

من الجيِّد أن يتذكَّرَ تلميذ يسوع هذه القواعد.

اتبع هذه النصائح الثلاث للحصول على سياق المقطع:

- تعلَّم ما تقوله الآيات قبل وبعد الفقرة. اقرأ الفصل الذي يأتي قبل وبعد المقطع. كلَّما قرأتَ المزيدَ من المقاطع المحيطة، كلَّما فهمت هذا المقطع بشكل أفضل.

- تعرَّف على النقطة العامَّة للسفر الذي يحتوي هذه الفقرة. على سبيل المثال، يخبرنا يوحنَّا لماذا كتب إنجيله: حتَّى يؤمن الناس بيسوع (يوحنا ٢٠: ٣١). تساعدنا معرفة سبب كتابة يوحنَّا على فهم ما كتبه. يمكن أن يكون تحديد الهدف من السفر أمرًا صعبًا، ولكن هناك أدواتٌ مثل الكتب الدراسيَّة، التي يمكن أن تساعدنا. اطلب من قسِّك مساعدتك في العثور على تفسير موثوق للكتاب المُقدَّس – تفسير يلخِّص الأشياء، بحيث يمكنك بسهولة فهم السياق والسياق والسياق.

- تعرَّف على نوع وأسلوب المقطع. النوعيَّة هي تصنيف من شيء ما. يتحدَّث الناس عن أنواع وتصنيفات مختلفة من الموسيقى – هيب هوب، والراب، وكانتري ميوزيك، إلخ. كما توجد موسيقى متنوِّعة في هذه الأنواع أو التصنيفات المختلفة. نفس الشيء ينطبق على الكتاب المُقدَّس؛ **حيث نجد الأنواع**

المختلفة من الكتابات الأدبيَّة لها أدوار مختلفة عندما يتعلَّق الأمر بالتفسير. فالشعر يختلف عن السرد الروائيِّ، ويختلف السرد عن النبوَّة، وهكذا. يمكن أن تساعدك الكتب الدراسيَّة على تعلُّم النوعيَّات الأدبيَّة، وكذلك الحال مع راعيك. إذا واجهتك مشكلة، فاطلب منه المساعدة.

حين يقرأ التلاميذ الكتاب المُقدَّس، فإنَّهم يطبِّقون...

لقد صلَّينا طالبين مساعدة الله في قراءة الكتاب المُقدَّس. وقد رحنا ندقِّق في النصِّ، وأخذنا نسأل عمَّا يقوله المقطع كما قرأناه وأعدنا قراءته. لقد فسَّرنا، ورحنا نسأل عمَّا يعنيه المقطع، ولكن لدينا خطوة أخرى: نحتاج إلى أن نسأل عمَّا يعنيه ذلك بالنسبة لنا.

في يعقوب ١: ٢٢، يأمرنا الكتابُ المُقدَّس: «**كُونُوا عَامِلِينَ بِٱلْكَلِمَةِ، لَا سَامِعِينَ فَقَطْ خَادِعِينَ نُفُوسَكُمْ**». بعبارة أخرى، عندما تنصتون إلى كلمة الله، لا تستمعوا إليها ثمَّ تفعلون ما تريدون. بل بالحريِّ، استمعوا إليها وافعلوا ما يريده الله. أظْهِر حبَّك لله بتطبيق ما سمعته بطريقة عمليَّة. هذا هو معنى الطاعة؛ أن تكون لك محبَّة لله في العمل. ونصل إلى هذا الإجراء من خلال طرح السؤال: «ماذا يعني هذا المقطع بالنسبة لي؟ كيف يمكنني الاستعانة بالحقِّ وتطبيقه على حياتي؟»

لماذا يعد تطبيق الحق في غاية الأهميَّة؟ تأمَّل في مثال يهوذا.

لقد دعا يسوعُ يهوذا ليكونَ أحد تلاميذه، وتبع يهوذا يسوع لسنوات. يقول توماس جودوين (Thomas Goodwin): «لقد سمع يهوذا جميع عظات المسيح».[1] حرفيًّا سمع الله يتكلَّم، لكنَّه لم يطبِّق ما سمعه؛ بدلًا من ذلك، خان يسوع. يبيِّن لنا يهوذا أنَّ سماع كلمة الله لا يكفي ليجعلنا أحد أفراد جماعة شعب الله. يجب تصديقه والثقة به فعلًا، ومتى آمنَّا به، يؤدِّي الإيمان إلى فعل، إلى التطبيق العمليِّ.

لنفترض أنَّ جيسون سمع وصيَّة يسوع أن يحبَّ أعداءه. لقد كان يصلِّي من أجل ذلك، وفكَّر في الأمر مليًّا، ويعتقد أنَّه يعرف ما يعنيه يسوع، ولكن ماذا تعني هذه الوصيَّة لجيسون؟ هذا يعني أنَّ جيسون يجب أن يحبَّ آل. على الرغم من الطريقة التي يعامله بها آل، يجب أن يسعى جيسون لخير آل وألَّا يكون مريرًا ولكن لطيفًا معه. سيكون هذا الحبُّ قاسيًا وقد يستغرق وقتًا طويلًا، لكن لا بأس بذلك. ففي النهاية، لا يزال التلاميذ ينمون.

تَوقَّف

انتقل إلى متى ٥: ٢٧–٣٠. صلِّ قبل أن تقرأ المقطع، ثمَّ أجب عن الأسئلة التالية:

١– ماذا يقول المقطع؟
٢– ماذا يعني ذلك؟
٣– ما الذي يعنيه ذلك بالنسبة لي؟

سواء كنت تقرأ الكتاب المُقدَّس بطريقة .P.O.I.A أو بطريقة أخرى، فإنَّه لا يمكنك الحصول على التطبيق دون التفكير في كلمة الله.

[1] <https://banneroftruth.org/us/resources/articles/2001/thomas– goodwin/>. Date accessed: 9th July, 2019.

هذا ما يفعله التلاميذ أساسًا بكلمة الله؛ يفكِّرون فيها بعناية وعمق، وهذا يعني أنَّهم **يتأمَّلون** ويدقِّقون فيها.

ولا أعني بالتأمُّل أن يجلس التلاميذُ وأرجلهم مطوية وهم يهمهمون. أنا لا أتحدَّث عن التفكير الإيجابيِّ للتخلُّص من الأفكار الشرِّيرة أو إفراغ العقل كما يفعل البوذيُّ. بل بالحريِّ، أعني بالتأمُّل ملءَ أذهاننا بحقيقة كلمة الله.

يحُثُّ الكتابُ المُقدَّس المسيحيِّين على أن يدعوا كلمة الله تسكنُ فينا بغنى (كولوسي ٣: ١٦). ما يعنيه هذا هو أنَّه **يجب على المسيحيِّين أن يكونوا ممتلئين بالكتاب المُقدَّس**؛ يجب أن يكونَ الكتابُ في أذهاننا ومُخزَّنًا في قلوبنا. وصف تشارلز سبرجُن (Charles Spurgeon)، الواعظُ الشهير، ذاتَ مرَّة الرجل الممتلئ بالكتاب المُقدَّس بأنَّه إذا جُرح، فسينزف الكتاب المُقدَّس.

كيف تصبحُ تلميذًا ينزفُ الكتاب المُقدَّس؟ **بأن تتأمَّل في كلمة الله، تدقِّق فيها**. بأن تفكِّر في الأمر ليلًا ونهارًا مثل الرجل التقيِّ في مزمور ١.

قد ينتاب العديد من المسيحيِّين إحساسٌ بالإحباط من قراءة الكتاب المُقدَّس، لأنَّهم يشعرون أنَّهم لا يحصلون على شيء منه، وهذا أمرٌ مفهوم على أحد المستويات. وفوق كلِّ شيء، فإنَّه يصعب أحيانًا فهمُ الكتاب المُقدَّس؛ من الطبيعيِّ ألَّا تفهم الأمر دائمًا – لا بأس بذلك. ومع ذلك، فإنَّ ما لا يدركه هؤلاء المسيحيُّون المُحبَطون هو أنَّهم في كثيرٍ من الأحيان قد لا يحصلون على أيِّ شيء ممَّا قرأوه لأنَّهم بالكاد يقضون أيَّ وقت في التفكير والتدقيق فيما قرأوه.

وقد صاغها توماس واتسون (Thomas Watson) على النحو التالي: «السبب الذي يجعلنا نبتعد ببرود شديد عن قراءة الكلمة هو أنَّنا لا ندفئ أنفسنا بنيران التأمُّل».[٢]

ومع ذلك، إن كنَّا سندفئ أنفسنا بهذه النيران، وإذا قضينا وقتًا في التفكير في كلمة الله، فإنَّه يَعدنا بأنَّه سيمنحنا الفهم (٢ تيموثاوس ٢: ٧؛ أمثال ٢: ١–٥). قد يأتي الفهم في بشكلٍ تدريجي بمرور الوقت، لكنَّه حتمًا سيأتي. فكيف ندفئ أنفسنا بنيران التأمُّل؟ فيما يلي ثلاثة اقتراحات:

١. **اقرأ/ استمع إلى كلمة الله؛** إذا أردنا أن نعرف كلمة الله، فعلينا أن نتعرَّض لها. يمكننا القيام بذلك من خلال ما يُطلق عليه غالبًا «الخلّوة الشخصية». في حين أنَّ هذا قد يبدو وكأنَّه وقت النوم للأطفال، إلَّا أنَّه ليس كذلك. بدلًا من ذلك، فإنَّ الخلّوة الشخصية هو وقتٌ مُخصَّص يقضيه المسيحيُّون مع الله. إنَّه الوقت الذي يقضيه جيسون وحدَه مع أبيه السماوي؛ يستمع إليه من خلال كلمته ويتحدَّث إليه من خلال الصلاة. تتمثَّل إحدى طرق الحصول على وقت للخلّوة دائمًا في تحديد وقت منتظم من اليوم، متى كان، والالتزام به يومًا بعد يوم.

٢. **انسخْ كلمة الله؛** طريقة أخرى للتأمُّل في كلمة الله هي ببساطة كتابتها كلمة بكلمة. تساعدُك هذه الممارسة على التفكير في كلِّ كلمة وملاحظة الأشياء التي لم تلاحظها من قبل. لماذا لا تبدأ برسالة قصيرة، مثل فيلبِّي، وتنسخ بضع آيات خلال خلوتك الشخصية؟

[2] Thomas Watson, *Puritan Sermons* (reprint; Wheaton, IL: Richard Owens Roberts, 1981), v. 2, p. 62.

٣. **احفظْ كلمة الله؛** عندما أتى جيسون إلى المسيح، ساعدته بشكلٍ خاصٍ الآية التي تحدَّثتْ عن أنَّ الله لم ولن يتركه أبدًا (العبرانيين ١٣: ٥). لذلك أمضى بضعة أيام في كتابة هذه الآية مرارًا وتكرارًا. بحلول المرَّة العاشرة، كان قد حفظ الآية. فجأة، بدا الأمر كما لو أنَّ الآية كانت دائمًا معه؛ في القطار بينما كان يسافر عبر المدينة، في وظيفته في أثناء عمله لأيام طويلة، في ذهنه عندما كان يميل إلى التفكير في أشياء مروِّعة عن آل.

ربَّما تسمع هذه الاقتراحات وتفكِّر قائلًا: «ليس لديَّ وقتٌ هادئ لأنَّني بالكاد أملك أيَّ وقت». هذا صحيح؛ ليس لدى معظم الناس الكثير من الوقت بين أيديهم. وهكذا جيسون بالتأكيد. هو مثلك على عاتقه مسؤوليات، بالإضافة إلى أنَّ المبنى الذي يعيش فيه لم يكن أبدًا بهذا الهدوء. ومع ذلك، يمكن قضاء وقت هادئ والاستمتاع به. فربما يمكن لجيسون ببساطة أن يزحف قبل أن يتمكَّن من الجري في مسيرة قراءته.

جيسون

عندما بدأ التدريب من خلال التأمُّل لأوَّل مرَّة، كان جيسون يزحف بموجب ممارسة علَّمه إيَّاها إيدي تُسمَّى «**تمرين الثلاث دقائق**». في هذه الممارسة، كان جيسون

يقرأ الكتاب المُقدَّس (آية أو آيتين) لمدَّة دقيقة،

ويفكِّر فيما قرأه لمدَّة دقيقة،

ويصلِّي بشأن ما قرأه لمدَّة دقيقة.

مرَّة أخرى، **هذا هو خطُّ البداية - وليس خطّ النهاية** - عندما يتعلَّق الأمرُ بقضاء الوقت مع الله. فإنَّنا وبعد كلِّ شيء، لن نجد عادة وقتًا في جداولنا لإضافة شيء ما، لذلك يجب أن نخصِّص الوقت. ومع ذلك، نحتاج جميعًا إلى البدء من مكان ما، ووقت الهدوء لمدَّة ثلاث دقائق أفضل بكثير من عدم وجود وقت هدوء. لذلك لا تيأس إذا كنتَ تريد أن تبدأ أوقاتك الهادئة. كن متشجِّعًا حتَّى تظفر بقضاء وقت هادئ.

قال إيدي: «جيسون، تذكَّر هذه النقطة، لأنَّ المسيحيِّين غالبًا ما ينشغلون بمدَّة 'أوقاتهم الهادئة'».

يعتقدون أنَّ وقت هدوء لمدَّة ٢٠ دقيقة يجب أن ينتج تلقائيًّا شعورًا أو مكافأة روحيَّة معيَّنة. إذا تخطُّوا أو اختصروا هذه المدَّة، فإنَّهم يشعرون أنَّهم لا يستطيعون الاقتراب من الله لأنَّهم لم يجهِّزوا أنفسهم لتمرين الصباح، والآن، فإنَّهم يمضون نوعًا ما من المهلة الروحيَّة لأنَّ اللهَ غاضب منهم. ومهما بدا هذا التفكير مُقدَّسًا، فإنَّه ضربة غير صائبة. إنَّه يُظهر في الواقع اعتمادًا على عملنا لإرضاء الله بدلًا من عمل يسوع. إنَّه يُنسينا أنَّ الله أسقط غضبه على ابنه من أجل كلِّ من يثق به، ولم يعد غاضبًا منَّا بعد الآن!

في الحقيقة، إن كنَّا لا نبحث عن الله بدافع الكسل، فعلينا أن نتوب. لكن كل آباء الأطفال الصغار يعلمون أنَّ بعض الأيام تبدأ فقط بنوبات غضب صباحيَّة جديدة، وليس بمراحم صباحيَّة جديدة. في الواقع، نادرًا ما توجد أيام يستيقظ فيها

الوالد في هدوء وسعادة، وينزل من السرير إلى منزله الهادئ. ومع ذلك، يجب أن نتذكَّر في هذه الظروف أنَّه بينما يأمرنا الكتاب المُقدَّس بأن نكون أمام الله (مزمور ٤٦: ١٠)، لا يذكر الكتاب المُقدَّس مدَّة أو ومدى هدوء تلك الأوقات.

بل بالحريِّ، يوصينا الكتابُ المُقدَّس أن نفكِّر بانتظام في يسوع ونسعى وراءه ونتوق إليه (العبرانيين ١٢: ١–٢). واجبنا بهذه البساطة: التحرُّر، والبهجة. عندما نتحدَّث عن التأمُّل، فإنَّنا لا نتحدَّث بالضرورة عن الجلوس في صمت، مهما كان ذلك مفيدًا. نحن نتحدَّث أكثر عن كتابة آيةٍ على بطاقة صغيرة، ووضعها فوق حوضِ المطبخ في أثناء قيامك بغسل الأطباق والتفكير في الأمر. هذا ما يبدو عليه أن تدع كلمة الله تسكن فيك بغنى.

قال إيدي: «لذا لا تضع رجاءك على مدى طول وقتك الهادئ، يا أخي جيسون، بل ضعه على مدى عمق محبَّة الله. أنت دائمًا ثابتٌ فيه على أيِّ حال، وهو لم يتخلَّ عنك أبدًا».

لم تكن لدى جيسون أيَّة فكرة عمَّا يعنيه إيدي بالتمسُّك بالله، لكنَّه وجد أنَّه كلَّما قرأ ونسخ وحفظ أكثر، كلَّما شارك في التجربة الموصوفة في المزمور ١١٩:

خَبَأْتُ كَلاَمَكَ فِي قَلْبِي

لِكَيْلاَ أُخْطِئَ إِلَيْكَ.

مُبَارَكٌ أَنْتَ يَارَبُّ.

عَلِّمْنِي فَرَائِضَكَ.

بِشَفَتَيَّ حَسَبْتُ

كُلَّ أَحْكَامِ فَمِكَ.

بِطَرِيقِ شَهَادَاتِكَ فَرِحْتُ

كَمَا عَلَى كُلِّ ٱلْغِنَى.

(مزمور ١١٩: ١١–١٤)

إلى أين يقودنا التأمُّل؟ إنَّه يقودنا إلى الصلاة. عادةً، عندما يتحدَّث شخصٌ ما إلى شخص آخر، فإنَّ هذا الآخر يستجيب. ولا تختلف قراءة الكتاب المُقدَّس والصلاة عن هذا الأمر. يسمع جيسون من أبيه السماويِّ من خلال كلمته. لقد فكَّر فيما قاله والده. والآن، هو يريد التجاوب مع الله، الأمر الذي يقودنا إلى جزء جديد من تدريبه؛ الصلاة.

آيات للحفظ

«**خَبَأْتُ كَلَامَكَ فِي قَلْبِي لِكَيْلَا أُخْطِئَ إِلَيْكَ**». (مزمور ١١٩: ١١)

مُلخَّص

لقد تعلَّمنا كيفيَّة قراءة كتابنا المُقدَّس من خلال الصلاة والتدقيق والتفسير والتطبيق. بينما نتناول قراءة الكتاب المُقدَّس، تساعدنا ثلاثُ قواعدَ على القيام بذلك بأمانة: ١) السياق، ٢) السياق، ٣) السياق. وبينما ندرس سياق مقطع ما ونقرأه ونعيد قراءته، نجد أنفسنا نتأمَّل في الكتاب المُقدَّس، ونمضغ ونتذوَّق وجبة كلمة الله.

ما المقصود؟

أتباع يسوع يُصَلُّون مثل يسوع.

٤ – الصلاة: الحديث مع الله

جيسون

أربك آل جيسون. فمنذ أن بدأ جيسون يتبع يسوع، كان آل يسيرُ في الاتِّجاه الآخر كلَّما رأوا بعضُهما البعض. تساءل جيسون: «كيف أصبحتْ علاقتنا هكذا؟»

في النهاية، ومثل الأطفال، كان آل هو الذي قدَّم لجيسون نصيحة أن يصبح مسيحيًّا. تذكَّر جيسون عندما كان عمرُه سبع سنوات وكان هو وآل جالسين في المقعد الخلفيِّ لحافلة المدينة. في ذلك الوقت، أطلق آل على نفسه لقبَ مسيحيٍّ، وحتَّى بدا وكأنَّه مَسيحيٌّ. لذلك، وبينما كانت الحافلة تتحرَّك عبرَ الضباب الدخانيِّ في شوارع مدينتهما، سأل جيسون شقيقه سؤالًا:

«حسنًا، كيف أفعل ذلك؟»

سأله آل: «تفعلُ ماذا؟»

«أن أكون مسيحيًّا مثلك. أريد أن أكون شخصًا مسيحيًّا، لذا، كيف أفعل ذلك؟»

أجاب آل: «حسنًا، عليك أن تصلِّي».

قال جيسون: «حسنًا». وجلس الأخَّان صامتَين لبضعِ لحظات.

سأله جيسون: «حتَّى متى أظلُّ أصلِّي؟» فلم يكُن يريد أن يفسد أمر كونه مؤمنًا.

«مممم»، همسَ الحكيم البالغُ من العمر سبع سنوات، وهو جالسٌ مستغرق في التفكير. مرَّتْ بضعُ ثوان، لكنهما شعرا وكأنَّها بضعُ ساعات. انتظر جيسون إجابة عميقة. لا شيء حتَّى الآن قد جاد به أخوه. بدلًا من ذلك، هزَّ آل كتفيه وردَّ قائلًا:

«لِنَقُلْ، خمس دقائق».

قال جيسون، «آه، لقد فهمتُ»، وأخذ دورَه الآن في هزِّ كتفيه. لن ينسى جيسون أبدًا ما فكَّر فيه بالفعل عندما سمع إجابة آل:

«خمس دقائق؟ هذا وقتٌ طويلٌ للصلاة!»

قد تكون هذه الذكرى مُضحكة، لكنَّها تُظهر أيضًا كيف يتشوَّش الناسُ حول الصلاة. ما هي الصلاة؟ لماذا يجب أن يصلِّي تلاميذ يسوع؟ كيف نعرف أنَّ الله يسمع صلواتنا؟ متى نصلِّي؟ وكيف نصلِّي؟ ما الذي يجب أن نصلِّي لأجله ولمن نصلِّي؟ في هذا الفصل، سنجيب عن أسئلة مثل هذه بينما يسعى جيسون للنموِّ بصفته أحد تلاميذ يسوع.

ما هي الصلاة؟

إذا كان الكتابُ المُقدَّس هو كلام الله للناس، فإنَّ الصلاة هي حديث الناس إلى الله، وتحديدًا المسيحيِّين. قد تقول: «حسنًا، بالطبع». لكن ضعْ في اعتبارك هذا للحظة: خالق الكون،

الذي خلق كلَّ الأشياء

ويضبط كلَّ شيء،

الذي يقيم الموتى

وهو مملوء بالخير والمحبَّة،

الذي قدَّم ابنه الوحيد ليموت عن الخطاة،

يدعو هذا الإله أولاده للتحدُّث معه **في أيِّ وقت**. الصلاة هي امتياز لا يُصدَّق.

مع ذلك، يبدو أنَّ العديد من المسيحيِّين يعتبرون الصلاة أمرًا مفروغًا منه. كتب أليستير بيج (Alistair Begg): «لقد حقَّق [الشيطان] نصرًا عظيمًا في إقناع المؤمنين المخلصين بالتردُّد في اقتناعهم بأنَّ الصلاة ضروريَّة وقويَّة».[1]

تَوَقَّف

إذا استمع شخصٌ ما إلى صلاتك في الأسبوع الماضي، فهل يعتقد أنَّك تؤمن بأنَّ الصلاة ضروريَّة وقويَّة؟ لما، ولما لا؟

ربَّما يكون الشيطان قد حقَّق هذا الانتصار بإرباك الناس عن لماذا يجب أن يصلُّوا في المقام الأوَّل.

[1] Alistair Begg, *Made For His Pleasure* (Chicago: Moody Press, 1996), p. 52.

لماذا يصلّي المسيحيُّون؟ كيف نعلم أنَّ الله يسمع صلاتنا؟

غالبًا ما يصلّي المسيحيُّون وكأنَّهم يتحدَّثون إلى الجنِّي الخاص بهم، بدلًا من إلههم. قد لا يفركون مصباحًا مثل مصباح علاء الدين وينتظرون ظهور مارد خفيٍّ، لكنَّهم يطلبون ما يريدون، وهو ليس بالضرورة سيِّئًا. يقول الله: «**لَسْتُمْ تَمْتَلِكُونَ، لِأَنَّكُمْ لَا تَطْلُبُونَ**» (يعقوب ٤: ٢). أمر يسوع نفسه أتباعه أن يطلبوا ما يريدون.

«**اَلْحَقَّ ٱلْحَقَّ أَقُولُ لَكُمْ: إِنَّ كُلَّ مَا طَلَبْتُمْ مِنَ ٱلْآبِ بِٱسْمِي يُعْطِيكُمْ**». (يوحنا ١٦: ٢٣)

لكن هل قصد يسوع أنَّنا يجب أن نطلب ما نريد لأيِّ سبب نريده؟ هل يستطيع جيسون أن يطلب من الله مثلًا مليون دولار ينفقها على نفسه ويتوقَّع أن يجدها في حسابه البنكيِّ في اليوم التالي؟

تكشف مثل هذه الأسئلة عن أهميَّة التدريب على قراءة الكتاب المُقدَّس جيِّدًا. تذكَّرْ ما تعلَّمناه في الفصل الأخير: نريد أن نكون قادرين على فهم ما **يقوله** الله وما **يعنيه**. قد يخبرك بعضُ الوعَّاظ أنَّك إذا صلَّيتَ بإيمان كافٍ، يمكنك الحصول على ما تريد وتنفقه على من تريد، حتَّى نفسك. لكن هل قصد يسوع ذلك في يوحنا ١٦؟

لم يقصد هذا. في الواقع، وبعد إخبارنا مباشرة أنَّنا لا نمتلك شيئًا لأنَّنا لم نصلِّ من أجله، يخبرنا الله بوضوح أنَّنا قد لا نحصل على ما نصلِّي من أجله، لأنَّنا صلَّينا من أجله بدوافع خاطئة.

«**تَطْلُبُونَ وَلَسْتُمْ تَأْخُذُونَ، لِأَنَّكُمْ تَطْلُبُونَ رَدِيًّا**». (يعقوب ٤: ٣)

هنـا، يعنـي الله أنَّنـا إذا صلَّينـا ولم نحصـل علـى مـا نصلِّي مـن أجلـه، فقد يكـون ذلك لأنَّنـا نصلِّي بدوافـع خاطئة. لذا فأنت تصلِّي للحصـول علـى درجـة جيِّدة فـي الاختبـار، ولكنَّـك تريـد حقًّا هـذه الدرجـة فقط حتَّـى يعتقـد النـاس أنَّـك الأفضـل والأذكـى فـي الفصـل؛ يحفِّز الكبريـاءُ صلاتـك. علينـا أن نتذكَّـر أنَّ الله لـه موازيـن يمكنهـا أن تـزن دوافعنـا (أمثال ١٦: ٢).

لا يعنـي رفـض طلـب الصـلاة دائمًـا أنَّنـا صلَّينـا بدوافـع خاطئـة، ولكن هذا ممكن: مـن السـهل التفكيـر فـي وجـود خطـب مـا مـع الله عندمـا لا يوافـق علـى طلبنـا، **ولكن طلـب الصـلاة المرفـوض يجـب أن يجعلنـا نتسـاءل عـن دوافعنـا**، وليـس دوافـع الله. فـوق ذلـك، فـإنَّ خطيَّتنـا ليسـت السـبب الوحيـد الـذي قـد يجعـل الله لا يسـتجيب لصلواتنـا بالطريقـة التـي نريدهـا. فـي متـى ٢٦: ٣٩، لـم تُلبَّ طلبـة يسـوع، وهـو الـذي بـلا خطيَّة! فـي ٢ كورنثـوس ١٢: ٨–٩، لـم يسـتجب الله لطلـب بولـس كمـا كان يرجـو أيضًـا. فمـاذا يجـري هنـا؟ تضفـي رسـالة يوحنـا الأولـى ٥: ١٤ بعـض الوضـوح:

🔑 «وَهَـذِهِ هِـيَ ٱلثِّقَـةُ ٱلَّتِـي لَنَـا عِنْـدَهُ: أَنَّـهُ إِنْ طَلَبْنَـا شَـيْئًا حَسَـبَ مَشِـيئَتِهِ يَسْـمَعُ لَنَـا».

لـن يمنحنـا اللهُ شـيئًا يتعـارض مـع مشـيئته. قـد لا نعـرف دائمًـا مـا هـي مشـيئته، لكنَّـه كشـف كلَّ مـا نحتـاج إلـى معرفتـه عنهـا فـي الكتـاب المُقـدَّس. لذلـك إذا كنَّـا نصلِّي مـن أجـل شـيء خاطـئ، فنحـن نعلم أنَّ هـذه ليسـت مشـيئة الله. يعـرف جيسـون أنَّـه لا يجـب أن يصلِّي بدافـع أنانـيٍّ، لكـن لمـاذا يصلِّي؟ يقدِّم الكتـاب المُقـدَّس عـددًا مـن الإجابات.

تمجِّد الصلاة الله

قـدَّم الرسـولُ بولـس دافعًـا رئيسـيًّا واحـدًا لأيِّ شـيء يفعلـه؛ أراد أن يمجِّـد الله (١ كورنثـوس ١٠: ٣١). بمعنـى آخـر، هـو أراد أن يكـرم الله ويظهر أنَّه يستحقُّ كلَّ التكريم. ومن ثَمَّ،

عندما يصلِّي المسيحيُّون إلى الله،

ويسبِّحونه ويشكرونه على شخصه وعمله،

فإنَّهم يمجِّدونه.

عندما نكون صادقين بشأن هويَّتنا،

ونعترف بخطايانا له في الصلاة،

فإنَّنا نمجِّده.

عندما نشكره على شيء ما أو شخص ما،

مدركين أنَّه هو مانح كل العطايا الصالحة،

فإنَّنا نمجِّده.

عندما نطلب شيئًا ما،

مدركين أنَّ مشاكلنا أكبر من مواردنا

وواثقين بأنَّ الله قادر على الاستجابة،

فإنَّنا نمجِّده.

قال يسوع: «**وَمَهْمَا سَأَلْتُمْ بِٱسْمِي فَذَلِكَ أَفْعَلُهُ لِيَتَمَجَّدَ ٱلْآبُ بِٱلِٱبْنِ**» (يوحنا ١٤: ١٣). يسعده أن يستجيب لصلواتنا فيتمجَّد أبونا!

يريد المسيحيُّون تمجيد الله، والصلاة تمجِّد الله. لذا، يريد المسيحيُّون الصلاة.

تعبِّرُ الصلاة عن الإيمان

الصلاة هي لغة الإيمان. الصلاة هي وضع الإيمان على شفاهنا. إنَّها إحدى أبسط الطرق التي يعبِّر بها المسيحيُّون عن ثقتهم بالله. عندما نصلِّي نحن المسيحيِّين، نقول: «يا ربُّ، نحن نثق بأنَّ ما تقوله عن نفسك، هو بالحقِّ أنت». قد لا نثق به بقدر ما ينبغي، ولكن ليس المهم هو مقدار ثقتنا عندما نصلِّي، بل **بمَن** نضع ثقتنا فيه. لهذا قال يسوع إنَّه يمكن أن يكون لنا إيمانٌ بحجم حبَّة خردل، التي تبلغ حوالي ١–٢ مليمتر، وسنكون قادرين على إلقاء جبل في البحر (لوقا ١٧: ٦). عندما نصلِّي، فإنَّنا نظهر من نثق به في النهاية – أي الله. وهو يأمرنا أن نصلِّي (١ تسالونيكي ٥: ١٧). تظهر صلواتنا أنَّنا نثق بأنَّ وصيَّته جيِّدة، ولذلك يريد المسيحيُّون الصلاة.

إنَّ موضوع إيماننا، وليس حجمه، هو المهمُّ.

الصلاة تدافع عن الإيمان

الحياة المسيحيَّة هي معركة ضدّ خطايانا، وإبليس، وعالمنا الخاطئ. يعطينا الله أسلحة لتلك المعركة ويصفها في مقاطع مثل أفسس ٦: ١٧–١٨:

«وَخُذُوا خُوذَةَ ٱلْخَلَاصِ، وَسَيْفَ ٱلرُّوحِ ٱلَّذِي هُوَ كَلِمَةُ ٱللهِ. مُصَلِّينَ بِكُلِّ صَلَاةٍ وَطِلْبَةٍ كُلَّ وَقْتٍ فِي ٱلرُّوحِ، وَسَاهِرِينَ لِهَذَا بِعَيْنِهِ بِكُلِّ مُواظَبَةٍ وَطِلْبَةٍ، لِأَجْلِ جَمِيعِ ٱلْقِدِّيسِينَ...»

يدعو الله المسيحيِّين للصلاة باستمرار. هذا لا يعني أنَّنا بحاجة إلى أن نصلِّي لفظيًّا كلَّ ثانية من اليوم، ولكن يعني هذا أنَّ الصلاة يجب أن تكون جزءًا طبيعيًّا من حياة المسيحيِّ. في كثير من الأحيان، نصلِّي فقط عندما نكون في أزمة. بالطبع، يجب أن نصلِّي في هذه اللحظات، لكن يجب على المسيحيِّين أن يصلُّوا بانتظام، وليس حسب الحاجة فقط. إذا صلَّينا لله فقط عندما نشعر أنَّنا بحاجة إليه، فسيكون إيماننا ضعيفًا وأكثر عرضة لهجمات الشيطان. إلى جانب أنَّه ستغيب عن بالنا حقيقة أنَّنا **نحتاج دائمًا إلى الله؛ ولكننا في بعض الأحيان نشعر بتلك الحاجة.**

لكن إذا صلَّينا بانتظام، فسنقوِّي إيماننا لأنَّنا سندافع عنه باستخدام هذا السلاح. في البداية، قد يبدو سلاح الصلاة ضعيفًا وعاديًّا وساذجًا، لكن ملكوت الله ليس من هذا العالم، ولا أسلحته أيضًا (٢ كورنثوس ١٠: ٤). عندما نصلِّي، فإنَّنا لا نعبِّر فقط عن إيماننا بهذه الحقيقة، بل ندافع عن هذا الإيمان. ولهذا، يحتاج المسيحيُّون إلى الصلاة.

تخدم الصلاة الآخرين

هل التقطتَ الجزءَ الأخير من الآية في أفسس ٦؟ يأمر بولس المسيحيِّين بمواصلة الصلاة من أجل جميع القدِّيسين. الصلاة من أجل أنفسنا أمرٌ جيِّد، لكن لا ينبغي لنا أن نحرم أنفسنا من فرح الصلاة

لأجـل الآخريـن أيضًـا. لقـد أعطانـا الله الصـلاة حتَّـى نحـبَّ أقرباءنـا. لذا صلِّ لأجلهم كما تحب أن يُصلُّوا من أجلك.

إذا نظـر شـخصٌ مـا إلـى الصـلاة فـي حياتـك، فهـل يـرى شـخصًا منتبهًـا لاهتمامـات الآخريـن؟ أم تعكـس صلاتـك أنَّـك تهتـمُّ بنفسـك فقـط؟ متـى كانـت آخـر مـرَّة صلَّيـتَ فيهـا مـن أجـل قسِّـك؟ إذا كان الرسـول بولـس علـم أنَّـه بحاجـة للصـلاة وطَلَبهـا (أفسـس ٦: ١٩–٢٠)، فـإنَّ راعيـك أيضًـا يحتـاج إلـى الصـلاة.

أو هـل سـبق لشـخص مـا فـي حياتـك أن أثـار غضبـك؟ بـدلًا مـن التذمُّـر عليهـم، صـلِّ لأجلهـم! للصـلاة قـوَّة فريـدة لمسـاعدتنا علـى محبَّـة الآخريـن. يحـثُّ الكتـاب المُقـدَّس المسيحيِّين علـى الصـلاة مـن أجل بعضهم البعض، ولذلـك علـى المسيحيِّين أن يُصلُّـوا مـن أجـل بعضهـم البعـض.

يسمع الله الصلاة

أخيـرًا، يجـب أن نصلِّـي لأنَّ الله يسـمع صلواتنـا. نحـن نعلـم أنَّـه يفعل ذلـك لأنَّـه يقـول إنَّـه يفعلـه، إذا سـألناه كمـا أخبرنـا فـي كلمتـه. لقـد رأينـا أنَّ كلمـة الله تقـول إنَّـه لا ينبغـي لنـا أن نصلِّـي لأسـباب خاطئـة. يخبرنـا أيضًـا أنَّـه يجب أن نصلِّـي باسم يسـوع (يوحنـا ١٦: ٢٣). الصـلاة باسـم يسـوع هـي أن نأتـي إلـى الله بنـاءً علـى مـا فعلـه يسـوع، وليـس بنـاءً علـى مـا فعلنـاه. إنَّهـا الصـلاة بإيمـان بـأنَّ أبانـا مسـرور بيسـوع، ولا يمكننـا أن نأتـي إليـه إلَّا مـن خـلال يسـوع. إنَّهـا الصـلاة بجـرأة وبسلطان من أُعطـيَ كل سلطان (متـى ٢٨: ١٨). الصـلاة باسـم يسـوع هـي تأكيـدٌ علـى أنَّ

يسوع هُوَ ٱلطَّرِيقُ

وَٱلْحَقُّ

وَٱلْحَيَاةُ (يوحنا ١٤: ٦)،

وأنَّنا نثق بوعوده.

ليس المقصود أن نقول آليًّا الكلمات «باسم يسوع» في نهاية صلواتنا، كما لو كانت هذه العبارة بمثابة ممرّ الصالة السماويَّة لصلواتنا. ليس رجاؤنا أن يسمع الله صلواتنا لأنَّنا نقول الكلمات الصحيحة. بل نرجو أن **يسمع الله صلواتنا من أجل يسوع.** في بعض الأحيان، يريد المسيحيُّون علامة كبيرة لإثبات وجود الله وأنَّه يستمع. لكن لدينا شيء أفضل من العلامة؛ لدينا مُخلِّص.

إذ فشلنا نحن في إطاعة أوامر الله، مثلما فشلنا في الصلاة، نجح يسوع. لقد صلَّى يسوع بإتقان، وبسبب حياته الخالية من الخطيَّة وموته وقيامته – وثقتنا به – نحن الآن أحرارٌ في المجيء إلى الله بجرأة والصلاة كما فعل مخلِّصنا. لقد فعل يسوع كلَّ ما هو مطلوب حتَّى نتمكَّنَ من الوقوف أبرارًا أمام الله. فائدة أن تكون بين الأبرار هو أن يسمع الله صلواتك. يقول الكتاب المُقدَّس: «**ٱلرَّبُّ بَعِيدٌ عَنِ ٱلْأَشْرَارِ، وَيَسْمَعُ صَلَاةَ ٱلصِّدِّيقِينَ**» (أمثال ١٥: ٢٩).

لا يسمع الله صلواتنا فقط؛ بل يفرح بها (أمثال ١٥: ٨). ومثل الوالدين الصالحين الذين يسعدون بالاستماع إلى أطفالهم، يسعد الله بأن يسمع منَّا. على الرغم من ضعف صلواتنا، فإنَّ مخلِّصنا قويٌّ.

فـي وقـت سـابق، سـألنا لمـاذا يجـب أن نصلِّـي، ولكـن بالنظـر إلـى هـذه الأسـباب الخمسـة، فـإنَّ السـؤال الأفضـل هـو لمـاذا **لا نصلِّـي؟** لدينـا الفرصـة لتمجيـد الله، والثقـة بـه، والدفـاع عـن إيماننـا، وخدمـة الآخريـن، وأن يسـمعنا أبونـا السـماويُّ. هـو يدعونـا للصـلاة لأنَّـه يهتـمُّ بنـا:

«فَتَوَاضَعُوا تَحْتَ يَدِ ٱللهِ ٱلْقَوِيَّةِ لِكَيْ يَرْفَعَكُمْ فِي حِينِهِ، مُلْقِينَ كُلَّ هَمِّكُمْ عَلَيْهِ، لِأَنَّهُ هُوَ يَعْتَنِي بِكُمْ». (١ بطرس ٥: ٦–٧)

لقـد قيـل إنَّ القلـق – أو الإفـراط فـي التفكيـر – غالبًـا مـا يكـون علامـة علـى قلَّـة الصـلاة.[٢] الصـلاة هـي إحـدى الطـرق الأساسـيَّة للمسـيحيِّين للتمتُّـع برعايـة الله وسـلامه (فيلبـي ٤: ٤–٧). وهكـذا يحتـاج المسـيحيُّون إلـى الصـلاة!

تَوَقَّف

هل يفاجئك أيٌّ من هذه الأسباب؟ لماذا، ولماذا لا؟

متى وكيف أصلِّي؟

أظهـرت لنـا رسـالة أفسـس ٦ أيضًـا كـم مـرَّة يجـب أن نصلِّـي؛ يجـب أن نصلِّـي فـي «**كُلِّ وَقْتٍ**» (أفسـس ٦: ١٨). إذًا، كيـف تبـدو الصـلاة فـي «**كُلِّ وَقْتٍ**»؟ يُظهـر لنـا يسـوع ذلـك، ولكـن علينـا أن ننظـر إلـى مثالـه بعنايـة. لماذا؟

[2] James Roberson, <https://twitter.com/jtrob3/status/1029678765398523 904>. Date ac cessed: 5th July 2019.

لأنَّـه مـن السـهل أن ننظـر إلـى يسـوع ونعتقـد أنَّـنا يجـب أن نفعـل كلَّ مـا يفعلـه. لكـن يسـوع ليس مجـرَّد نموذجنـا المثالـيّ لكيفيَّـة عمـل الأشـياء؛ **إنَّـه أيضًـا مخلِّصنـا الكامـل مـن الأشـياء الخاطئـة التـي ارتكبناهـا**. تذكَّـر أنَّ يسـوع فعـل مـا لا نسـتطيع فعلـه نحـن. إنَّـه بطـل القصَّـة. لـذا إذا كنَّـا سـننظر إليـه علـى أنَّـه نمـوذج، فعلينـا أن نتذكَّـر أنَّـه ليـس مـن واجبنـا أن نكـون الأبطـال؛ مهمَّتنـا أن نثـق بالبطـل. قبـل أن نـرى كيـف يمكننـا أن نطيـع الوصيَّـة بالصـلاة، يجـب أن نـرى كيـف فعـل يسـوع ذلـك بالفعـل. إنَّ رؤيـة طاعـة يسـوع الكاملـة تحرِّرنـا مـن طاعـة الله بقوَّتنـا. إنَّهـا تجعلنـا نشـعر بالامتنـان والتركيـز علـى بطـل إيماننـا، الـذي يمنحنـا القـوَّة لنكـون مثلـه بالطـرق الصحيحـة.

بالنظر إلى حياة يسوع، نرى أنَّه **صلَّى في جميع الأوقات**.

صلَّى قبل أن يصنع المعجزات (متى ١٤: ١٩)؛

تـرك جموعًـا غفيـرة وذهـب للصـلاة فـي أماكـن هادئـة (لوقـا ٥: ١٦)؛

صلَّـى عندمـا كان يعانـي مـن مشـاكل كبيـرة (لوقـا ٢٢: ٤١–٤٢)؛

اعلمْ أنَّ الله يمكنه التعامل مع جميع مشكلاتنا في أيِّ وقت.

٥ توضيح

إن أتيـتَ إلـى غرفـة نومـي لتسـألني شـيئًا فـي الثالثـة صباحًـا، سـيكون ذلـك مُخيفًـا، وربَّمـا سـأتَّصل بالشـرطة. ومـع ذلـك، إذا جـاءتْ ابنتـي الصغيـرة إلـى غرفتـي لتطلـب منِّـي شـيئًا فـي السـاعة الثالثـة صباحًـا،

بينما قد لا أحبُّ الوقت الذي اختارته، فسأتفهَّم سبب اختيارها للمجيء. الفرق بينك وبين ابنتي هو أنَّها لديها حقَّ الوصول إليَّ، إنَّ لها حقًّا عليَّ. كتب تيموثي كيلر (Timothy Keller): «الشخص الوحيد الذي يجرؤ على إيقاظ ملك في الثالثة صباحًا لكوب من الماء هو طفل. لدينا هذا النوع من الوصول».[٣]

بصفتنا أبناءَ وبناتِ الله، لدينا هذا النوعُ من الوصول إلى أبينا السماويِّ. والأفضل من ذلك، أنَّ الله لا ينزعج منَّا أبدًا؛ إنَّه ليس مثلَ الجار الذي نضايقه في الصباح الباكر (أمثال ٢٧: ١٤). لا يحتاج الله إلى النوم، ولذا، مثل يسوع، يمكننا أن نأتي إليه في أيِّ وقت.

لكن يسوع لم يكتفِ بتعليمنا **متى** نصلِّي فحسب، بل **كيف** نصلِّي أيضًا.

في وقتٍ سابق، فكَّرنا في كيف أنَّ الصلاة تدافع عن الإيمان. في أفسس ٦: ١٨، لم يخبرْ بولسُ المؤمنين فقط متى يصلُّون («**كُلَّ وَقْتٍ**») ولكن كيف يصلُّون «**فِي ٱلرُّوحِ**». المؤمنون فقط هم من يملكون روح الله فيهم (رومية ٨: ٩، ١٤). كلُّ من لديهم الروح هم أبناء وبنات الله. لماذا تُعَد هذه الحقيقة مهمَّة عندما نفكِّر في كيفيَّة قيام يسوع بمثال الصلاة؟ إنَّه أمر مهمٌّ لأنَّ يسوع أمر أبناء الله وبناته بالصلاة إلى أبيهم السماويِّ. إذا لم نكن أبناء وبنات، إذا لم نكن في العائلة، فلا يمكننا أن نصلِّي للآب.

متى نصلِّي: كُل وقت (أفسس ٦:١٨؛ ١ تسالونيكي ٥:١٧)

[3] Timothy Keller, <https://twitter.com/timkellernyc/status/5698907263 49307904?lang=en> Date Accessed: 7th August 2019.

كيف نصلّي: في الروح «أَبَانَا». هذه أوّل لفظة من الصلاة التي صاغها يسوع. في متى ٦: ٩-١٣، أرانا يسوع كيف نصلّي:

فَصَلُّوا أَنْتُمْ هَكَذَا:

«أَبَانَا ٱلَّذِي فِي ٱلسَّمَاوَاتِ،

لِيَتَقَدَّسِ ٱسْمُكَ.

لِيَأْتِ مَلَكُوتُكَ.

لِتَكُنْ مَشِيئَتُكَ

كَمَا فِي ٱلسَّمَاءِ كَذَلِكَ عَلَى ٱلْأَرْضِ.

خُبْزَنَا كَفَافَنَا أَعْطِنَا ٱلْيَوْمَ.

وَٱغْفِرْ لَنَا ذُنُوبَنَا

كَمَا نَغْفِرُ نَحْنُ أَيْضًا لِلْمُذْنِبِينَ إِلَيْنَا.

وَلَا تُدْخِلْنَا فِي تَجْرِبَةٍ،

لَكِنْ نَجِّنَا مِنَ ٱلشِّرِّيرِ».

الآن، لم يأمرنا يسوع أن نصلّي هذه الصلاة فقط، رغم أنّها صلاة رائعة. أمرنا أن نصلّي **مثل** هذه الصلاة. كيف نفعل ذلك؟

نصلّي لأبينا الذي في السماوات (الآية ٩)

تعكس الصلاة الوحدة التي لدينا مع جميع المسيحيّين الآخرين. نصلّي جميعًا لنفس الآب، لأنّنا جميعًا أعضاء في نفس العائلة.

تذكِّرنا الصلاة التي يقدِّمها لنا يسوع أنَّ الصلاة ليست من أجلك فقط، بل من أجلنا، لذلك نصلِّي إلى **أبينا**. إلى جانب هذا، تذكِّرنا الصلاة أنَّ مملكة هذا العالم ليست هي بيتنا في النهاية؛ بل إنَّ ملكوت السماوات هو المكان الذي ننتمي إليه، ويضبط الله الكون من هناك. وهكذا يصلِّي المسيحيُّون لأبيهم الذي في السماوات.

نطلب أن تتمَّ مشيئته (الآية ١٠)

كلَّما كبرنا بصفتنا مسيحيِّين، كلَّما أردنا أن يتوسَّع قصد الله وملكوته، وليس ملكوتنا. كلَّما كبرنا بوصفنا مسيحيِّين، أردنا أن نصلِّي أكثر من أجل أن تتحقَّق مشيئة الله، وليس مشيئتنا. هذا ما فعله يسوع. «**لِتَكُنْ مَشِيئَتُكَ**» هو ما صلَّى به يسوع في أكثر لحظاته تَعَبًا على وجه الأرض (لوقا ٢٢: ٤٢). يجب أن تكون صلواتنا صدًى له. ولذا يصلِّي المسيحيُّون من أجل أن تتحقَّق مشيئة أبيهم.

نسأله توفير ما نحتاجه (الآية ١١)

يعلِّمنا يسوع أن نطلب خبزنا كفافنا. يتحدَّث عن الخبز لأنَّ هذا ما أعطاه الله لشعبه كلَّ يوم عندما أنقذهم من مصر (خروج ١٦). اعتنى الله بشعبه بأن أرسل لهم الخبز من السماء. أظهر لهم أنَّه هو الله وعليهم أن يثقوا به. وبالمثل، تُعبِّر الصلاة عن ثقتنا بالله. عندما نذهب إلى الله ونطلب منه احتياجاتنا اليوميَّة،

> فإنَّنا نُظهر أنَّنا ندرك أنَّ كلَّ العطايا الصالحة تأتي منه،
>
> ونمنح أنفسنا فرصة أخرى لنشكره على تلك العطايا. (يعقوب ١: ١٧)

إحدى التفاصيل الرائعة عن صلاة يسوع هي أنَّها ليست صلاة مطوَّلة. عندما نصلِّي، نتساءل غالبًا لماذا نقولُ الكلمات التي نقولها. لكن ليس علينا إقناع الله بكلمات كثيرة. يوضِّح لنا سياق متى ٦ هذه الحقيقة. قبل صلاته النموذجيَّة مباشرة، يذكِّرنا يسوع أنَّ الله يعرف ما نحتاجه على أيِّ حال (متى ٦: ٨). وهكذا يمكن للمسيحيِّين أن يصلُّوا صلوات بسيطة، ويسألون أباهم الذي يعرف كلَّ شيء ويؤمِّن احتياجاتِ جميع أبنائه الجسديَّة.

نطلب منه توفير ما نحتاجه أكثر من أي شيء (الآية ١١)

انظر مرَّة أخرى إلى الآية ١١. لا يعلِّمنا يسوع فقط أن نصلِّي من أجل احتياجاتنا الجسديَّة ولكن أيضًا لأجل حاجتنا الروحيَّة العميقة، وهي مغفرة خطايانا.

الطريقة الوحيدة لتلبية هذه الحاجة هي من خلال يسوع.

> إنَّه السبيل الوحيد لكي تُغفَر خطايانا. إنَّه السبيل الوحيد للحياة الروحيَّة،

> وهذا بالضبط ما كان المقصود إظهاره لشعب الله من خلال الخبز الآتي من السماء (يوحنا ٦: ٣٥).

تذكَّر في الفصل الأوَّل كيف تحدَّثنا عن الحاجة إلى الاعتراف بخطايانا؟ هنا، يُرينا يسوع ذلك، ليس لأنَّه كان لديه أيَّة خطايا يعترف بها، ولكن لأنَّ الأشخاص الذين كان يعلِّمهم كانت لديهم خطايا. **المسيحيُّ الذي يعرف أنَّ خطاياه قد غُفرت من خلال يسوع سوف يغفر للآخرين بشكل طبيعيٍّ**، ليس لأنَّ غفراننا للآخرين هو الطريقة التي يقبلها الله، ولكن لأنَّها دليل على أنَّنا قد قُبلنا بالفعل.

باختصار، **الذي غُفِر لهم، يغفرون للناس**. بالإضافة إلى ذلك، يعترف الأشخاص المغفور لهم بأنَّهم بحاجة إلى المساعدة. الصلاة التي أرانا إيَّاها يسوع ليست صلاة من أجل الأبطال الخارقين الروحيِّين؛ إنَّها صلاة للجبناء الروحيِّين. إنَّها صلاة لا يمكن أن نصلِّيها إلَّا إذا علمنا أنَّنا بحاجة إلى النجاة من الشرِّ. يحتاج المسيحيُّون إلى الغفران والحماية من الشرِّ، ولذا فإنَّنا نصلِّي لأبينا لتوفير احتياجاتنا الروحيَّة.

أليس من اللطيف أن يكون يسوع قدوة لأولاد الله في كيفيَّة الصلاة؟ إذا كان الروح فينا، فيمكننا أن نصلِّي للآب. أيُّ حال أفضل من هذا – أنَّ الروح يساعدنا على الصلاة! يعطينا الكتاب المُقدَّس هذا الوعد:

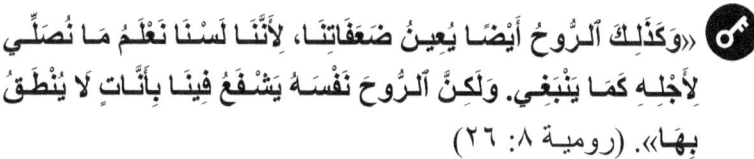

«**وَكَذَلِكَ ٱلرُّوحُ أَيْضًا يُعِينُ ضَعَفَاتِنَا، لِأَنَّنَا لَسْنَا نَعْلَمُ مَا نُصَلِّي لِأَجْلِهِ كَمَا يَنْبَغِي. وَلَكِنَّ ٱلرُّوحَ نَفْسَهُ يَشْفَعُ فِينَا بِأَنَّاتٍ لَا يُنْطَقُ بِهَا**». (رومية ٨: ٢٦)

إذا كنتَ غيرَ متأكِّد من كيفيَّة الصلاة، فلا بأسَ بذلك. يقول الله إنَّ هذا متوقَّع. لهذا السببِ يدورُ هذا الفصلُ حولَ التعليمات الكتابيَّة الأساسيَّة عن الصلاة.

إذًا، كيف يصلِّي المسيحيُّون؟

نصلِّي في الروح

بالابن

إلى الآب.

عندما نعرف كيف نصلّي، لا داعي للقلق بشأن ما إذا كنّا «نقوم بذلك بشكل صحيح». عندما نعرف كيف نصلّي، يمكننا الاستمتاع بالحريَّة.

يمكننا أن نصلّي بصوت عالٍ أو سرًّا.

يمكننا أن نصلّي صلاة قصيرة أو صلاة طويلة.

يمكننا أن نصلّي راكعين على ركبنا أو واقفين.

يمكننا أن نصلّي باستخدام كلماتنا الخاصَّة،

أو باستخدام كلمة الله.

إنَّ إحدى العادات الرائعة التي يجب تطويرُها هي أن نصلّي كلمات الكتاب المُقدَّس كأنَّنا نتحدَّث بها مع الله. لماذا لا تأخذ ما تقرأه في وقتك الهادئ وتحوّله إلى ما تصلّي به؟ كما أشار دون ويتني (Don Whitney): «ببساطة، غالبًا ما لا يصلّي المسيحيُّون لمجرَّد أنَّهم لا يشعرون بذلك. والسبب في عدم رغبتهم في الصلاة هو أنَّهم عندما يصلُّون، يميلون إلى قول نفس الأشياء القديمة عن نفس الأشياء القديمة».[4] إنَّ الصلاة بترديد آيات الكتاب المُقدَّس تمنح صلواتنا كلماتٍ جديدة لما قد يبدو وكأنَّه مواضيع روتينيَّة.

جيسون

في بعض الأحيان، يعتقد جيسون أنَّه يعرف أكثر ما يريده في الحياة، ويطلب ذلك الشيء من الله. لكنَّه بدأ يشعر بالسعادة لأنَّ الله لم يعطه كلّ ما يعتقد أنَّه يريده. إنَّه يتعلَّم كيف يسمع «لا» من الله أفضل من «نعم».

---

[4] Donald S. Whitney, Praying the Bible (Wheaton, IL: Crossway, 2015), p. 11.

إلـى جانـب ذلـك، يتعلَّـم جيسـون أنَّـه علـى الرغـم مـن أنَّ الله لا يمنحـه كلَّ مـا يريـده، فـالله يمنحـه كلَّ مـا يحتاجـه. كان أكثـر مـا يحتاجـه فـي الحيـاة هـو سـجلٌّ كامـل أمـام الله وقلـب نقـي يأتـي معـه. بعـد أن أخطـأ، صلَّـى داود إلـى الله طالبًـا منـه أن يخلـق فيـه قلبًـا طاهـرًا (مزمـور ٥١). بـدأ جيسـون يصلِّـي المزمـور ٥١؛ لقـد بـدأ فـي الصـلاة بكلمـات الله إلـى الله. مـا رآه هـو قلـب جديـد يقـوده ليعيـش نوعًـا جديـدًا مـن الحيـاة. إنَّهـا تقـوده إلـى العبـادة – الموضـوع الأخيـر الـذي يجـب أخـذه فـي الاعتبـار فـي تدريـب جيسـون الشـخصيِّ.

آيات للحفظ

«وَكَذَٰلِـكَ ٱلـرُّوحُ أَيْضًـا يُعِيـنُ ضَعَفَاتِنَـا، لِأَنَّنَـا لَسْـنَا نَعْلَـمُ مَـا نُصَلِّـي لِأَجْلِـهِ كَمَـا يَنْبَغِي. وَلَٰكِنَّ ٱلـرُّوحَ نَفْسَـهُ يَشْـفَعُ فِينَـا بِأَنَّـاتٍ لَا يُنْطَـقُ بِهَـا». (روميـة ٨: ٢٦)

مُلخَّص

تعلَّمنـا فـي هـذا الفصـل أنَّ الصـلاة هـي حديـث المسـيحيِّين إلـى الله. الصـلاة مسـؤوليَّة عظيمـة وفرصـة وامتيـاز. يجـب أن نصلِّـي لأنَّ صلاتنـا تمجِّـد الله، وتعبِّـر عـن إيماننـا، وتدافـع عـن إيماننـا، وتخدم الآخريـن. يجب أن نصلِّـي لأنَّ الله يسـمعنا ويهتـمُّ بنـا، ويمكننـا أن نصلِّـي بفضـل يسـوع، الـذي يتيـح لنـا الوصـول إلـى الله، والـذي يُعلِّمنـا متـى وكيـف نصلِّـي.

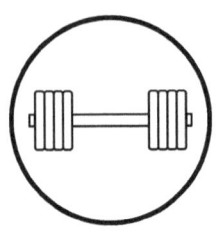

ما المقصود؟

يعبد أتباع يسوع اللّه طوالَ حياتهم.

٥- العبادة: العَيش لله

جيسون

سأل إيدي: «ما رأيك فيما تعنيه عبادة الله يا جيسون؟»

«حسنًا، عندما كنتُ طفلًا اعتقدتُ أنَّ العبادة هي ترنيمتان ترتلهما أمِّي قبل أن يقوم أحد الواعظين للوعظ ويتحدَّث لفترة طويلة جدًّا. أنا أحبُّ الترانيم الآن، على الأقلّ أحبُّ معظمها».

بينما يتدرَّب جيسون على التقوى، يتعلَّم أن العبادة هي أكثر من مجرَّد الترنيم. لقد تعلَّم أنَّه استجابةً لرحمة الله، عليه أن يعطي ذاته بالكامل لله، كما يدعو اللهُ جميعَ المؤمنين. لقد خلق الله كلَّ جزء منَّا، **ودفع ثمن كلِّ ذنوبنا**. لقد اشتُرينا بثمن (راجع ١ كورنثوس ٦: ١٩-٢٠). ونحن مدينون بكلِّ شيء لله، لذلك نحنُ لا نقدِّم له فقط جزءًا من أنفسنا. وعلينا بالحريِّ أن نقدِّمَ له كلَّ ما في وسعنا. هذه الحقيقة مهمَّة لأنَّها تساعد جيسون على التفكير جيِّدًا في العبادة.

تَوَقَّف

كيف تُعرِّف العبادة، ولماذا تُعرِّفها بهذه الطريقة؟

ما هي العبادة؟

كما قلنا في الفصل الأوَّل، نحن لا نحاول فقط التفكير في التدريبات الروحيَّة، بل نحاول التفكير فيها كتابيًّا. فكيف يعرِّف الكتاب المُقدَّس العبادة؟ تساعدنا رسالة رومية والعبرانيين:

«فَأَطْلُبُ إِلَيْكُمْ أَيُّهَا ٱلْإِخْوَةُ بِرَأْفَةِ ٱللهِ أَنْ تُقَدِّمُوا أَجْسَادَكُمْ ذَبِيحَةً حَيَّةً مُقَدَّسَةً مَرْضِيَّةً عِنْدَ ٱللهِ، عِبَادَتَكُمُ ٱلْعَقْلِيَّةَ». (رومية ١٢: ١)

«لِذَلِكَ وَنَحْنُ قَابِلُونَ مَلَكُوتًا لَا يَتَزَعْزَعُ لِيَكُنْ عِنْدَنَا شُكْرٌ بِهِ نَخْدِمُ ٱللهَ خِدْمَةً مَرْضِيَّةً، بِخُشُوعٍ وَتَقْوَى». (العبرانيين ١٢: ٢٨)

ما هي العبادة بحسب الكتاب المُقدَّس؟ في الأساس، **العبادة هي استجابة وردّة الفعل الصحيحة للمسيحيّ على الله.**

يقول د. إ. كارسون (D.A. Carson): «العبادة هي استجابة المخلوق الصحيحة للخالق»،[1] هي تقديم أنفسنا لله. عندما نفهم الإنجيل وما يعنيه لحياتنا، فإنَّنا نريد أن نُعطي أنفسنا بالكامل لله.[2] باختصار، في حين أنَّ الترانيم رائعة وتشكِّل جزءًا من العبادة، فإنَّ العبادة هي أكثرُ بكثيرٍ من مجرَّد ترنيمة. كما قال مات بوزويل (Matt Boswell): «'العبادة' هي عقيدة ثقيلة جدًّا بحيث لا يمكن أن يتحمَّلها 'الترنيم' بمفرده».[3] في الواقع، تعبد الكنيسة المحليَّة الله كلَّما اجتمع المؤمنون معًا، وهو ما يُسمَّى غالبًا «عبادة الشركة» – سنتحدَّث أكثر عن هذا في الفصل التالي. ومع ذلك فإنَّ العبادة هي أكثر من اجتماع كنيسة.

[1] D.A. Carson, Worship by the Book (Grand Rapids, MI: Zondervan, 2002), p. 29.

[2] David Peterson, Engaging with God (Downers Grove, Il: IVP, 1992), p. 242.

[3] Matt Boswell, <https://twitter.com/MattBoswell/status/101576555778 4776706?s=20>. Date accessed: 5th July 2019.

في حين أنَّ تعريفنا للعبادة قد يكون قصيرًا، إلَّا أنَّه ليس سطحيًّا. توفِّر رومية ١٢: ١ والعبرانيين ١٢: ٢٨ أربع طـرق علـى الأقـلِّ للتفكيـر فـي تقديم أنفسـنا لله. عبادتنـا هـي:

١)   مُتمركزة حول الله
٢)   كاملة
٣)   بمخافة
٤)   بامتنان

 ## جيسون

حيـن سـمع جيسـون هـذا التعريـف لأوَّل مـرَّة، وجـده صارمًـا للغايـة. ففـي النهايـة، ألا تتعلَّـق العبـادة بكيفيَّـة التعبيـر عـن أنفسنا والتواصل مـع الله؟ ولكـن بعد التفكير في الأمر، وجد هـذا التعريـف مُحـرِّرًا، وآمـل أن تجـده أنـت أيضًـا كذلـك.

العبادة مُتمركزة حول الله

العبـادة عـن الله. ومثـل كلِّ الأشـياء، هـي لله، ومـن الله تبـدأ (روميـة ١١: ٣٦). لهـذا عرَّفنا العبـادة علـى أنَّهـا الـرد الفعل الصحيح نحـو الله – فهـي تبـدأ بـه وليـس بنـا نحـن. لذلـك يسـتجيب المسـيحيُّون لمـا يكونـه الله ومـا فعلـه. إلـى جانـب ذلـك، فـإنَّ الله كلّـي النعمـة ليجذبنـا فنسـتجيب لـه.

نرى في كلٍّ من رومية ١٢ والعبرانيين ١٢ أنَّ العبادة موجَّهة نحو الله وليس تجاه أيِّ شخص آخر. هذا مهمٌّ لأنَّنا بصفتنا أشخاصًا خاطئين، نريد أن نعبد أنفسنا وليس الله.

جيسون

قال إيدي لجيسون: «منذ عقود، عندما ذهبتُ إلى الجامعة، اعتقدتُ أنَّني أعرف معنى أن أعيش حياة التقوى. لقد عشتُ وكأنَّني ناضج روحيًّا وكنت أظنُّني قادرًا على التعامل مع الأمور بمفردي، لكنَّني سرعان ما سقطت في حياة الخطيَّة، والحفلات، في حياة الجامعة الصاخبة. لم أعش حياة عبادة لله. لقد عشت أعبد ذاتي».

كلُّ الناس يعبدون أشياء مختلفة. السؤال هو مَن أو ماذا تعبد؟ هذا هو سبب حديثنا عن النوع الصائب من العبادة. إذا قرأت تكوين ١، سترى أنَّ الناس خُلقوا لكي يعبدوا الله. ولكن بعدما دخلت الخطيَّة المشهد في تكوين ٣، لم يعد الناس جائعين لعبادة الربِّ إلههم، وإنَّما اشتاقوا لعبادة ذواتهم. وعند حادثة برج بابل، لم يرد الناس أن يعبدوا اسم الله؛ بل أرادوا أن يعبدوا أسماءهم هم (تكوين ١١: ٤). لكن العبادة السليمة هي عبادة تتعلَّق بالله، ولهذا يعبد المسيحيُّون الله وحده.

«لَا يَكُنْ لَكَ آلِهَةٌ أُخْرَى أَمَامِي. لَا تَصْنَعْ لَكَ تِمْثَالًا مَنْحُوتًا، وَلَا صُورَةً مَا مِمَّا فِي ٱلسَّمَاءِ مِنْ فَوْقُ، وَمَا فِي ٱلْأَرْضِ مِنْ تَحْتُ، وَمَا فِي ٱلْمَاءِ مِنْ تَحْتِ ٱلْأَرْضِ. لَا تَسْجُدْ لَهُنَّ وَلَا تَعْبُدْهُنَّ». (خروج ٢٠: ٣–٥)

تستخدم بعضُ ترجمات الكتاب المُقدَّس لفظة «خدمة» بدلًا من «عبادة». وذلك لأنَّ العبادة هي خدمة، وما يوضّحه الكتاب المُقدَّس هو أنَّه يجب أن تكون خدمتنا في النهاية لله. **وبصفتنا مسيحيِّين، لم نعد نخدم أنفسنا؛ بل نقدِّم أنفسنا لله.** وتوضّح الوصيَّة الأولى، أو العظمى هذه النقطة:

«وَتُحِبُّ ٱلرَّبَّ إِلَهَكَ مِنْ كُلِّ قَلْبِكَ، وَمِنْ كُلِّ نَفْسِكَ، وَمِنْ كُلِّ فِكْرِكَ، وَمِنْ كُلِّ قُدْرَتِكَ. هَذِهِ هِيَ ٱلْوَصِيَّةُ ٱلْأُولَى». (مرقس ١٢: ٣٠)

علينا أن نحبَّ الله أوَّلًا وقبل كلِّ شيء، وعلينا أن نحبَّه بكلِّ ما في وسعنا – بكلِّ ما في نفوسنا.

العبادة كاملة

أتتذكَّر طريقة .P.O.I.A من الفصل ٢؟ فهي مفيدة جدًّا في هذه النقطة. خذْ بضع لحظات الآن لتصلِّي من أجل أن يساعدك الله على فهم مرقس ١٢: ٣٠.

بعد ذلك، دعنا **نلاحظ وندقِّق**. أعد قراءة مرقس ١٢: ٣٠ واسأل نفسك: «أيُّ الكلمات تتكرَّر؟» ضع دائرة حول تلك الكلمات في كلِّ مرَّة تظهر فيها. الكلمة التي سنركِّز عليها هي كلمة «كل». يجب أن يكون لديك أربعُ دوائر على الأقلِّ لأنَّ الله يدعونا أربع مرَّات أن نحبَّه بكلِّ ما لدينا.

الآن، دعونـا **نفسِّر** مـن خـلال النظـر فـي السياق الأوسـع لمرقـس ١٢: ٣٠. فـي مَرقُس ١٢: ٢٩، سـأل مُعلِّم يسـوع عـن الوصيَّـة الأكثـر أهميَّـة. انظـر مـن كثـب إلـى إجابـة يسـوع:

«**أَجَابَـهُ يَسُوعُ: «إِنَّ أَوَّلَ كُلِّ ٱلْوَصَايَـا هِـيَ: ٱسْمَعْ يَـا إِسْرَائِيلُ. ٱلـرَّبُّ إِلَـهُنَـا رَبٌّ وَاحِـدٌ**».

لمـاذا تحـدَّث يسـوع عـن كـون الله واحـدًا قبـل أن يتحـدَّث عـن كيـف نحـبُّ الله بـكلِّ مـا فـي وسـعنا؟ قـال أحـد معلِّمـي الكتـاب المُقـدَّس إنَّ السـبب فـي ذلـك هـو أنَّ الله يعلِّمنـا أن الله غيـر منقسـم.

ولأنَّ الله كذلـك، يجـب أن يقتـرب منـه شـخص غيـر منقسـم ويعبـده: مـن كلِّ قلبـك، مـن كلِّ نفسـك، مـن كلِّ قوَّتـك. بعبـارة أخـرى، بـكلِّ مـا فيك. كلُّ قطعـة فيك، بـل بكلِّك. لا يُسـحب الله فـي اتجاهـات مختلفـة. لذلـك لا ينبغـي أن نكـون مشـتَّتين فـي عبادتنـا لـه. ليس الإيمـان الحقيقـيُّ والثقـة بـالله مُجـزَّأة. لا يبحـثُ اللهُ عـن أشـخاص يمكنهـم أن يعطـوه قوَّتهـم – إصـلاح سـقف الكنيسـة أو الخدمـة فـي إرسـاليَّات قصيـرة المـدى – فـي حيـن أن محبَّتهـم الأولـى ورغباتهـم العميقـة يوجِّهونهـا إلـى مـكان آخـر.[٤]

لـذا فـإنَّ مرقس ١٢: ٢٩–٣٠ تعنـي أنَّـه يجـب علينـا أن نحـبَّ الله بـكلِّ مـا فـي وسـعنا. يجـب أن تكـون عبادتنـا غيـر منقسـمة. يجـب أن تكـون كاملـة.

الآن دعونا **نطبِّق** هذه الحقيقة.

---

[4] David Gibson, *Living Life Backward* (Wheaton, Il: Crossway, 2017), p. 80.

جيسون

باختصار، يعني هذا بالنسبة لجيسون أنَّه لا يستطيع أن يعبد الله يوم الأحد وأن يسكر مع آل يوم الجمعة. يعني أنَّه بعد ظهر يوم الخميس، وعندما يكون جيسون في العمل، يجب أن يكون صادقًا في تعاملاته. بصفته مسيحيًّا، يعلن جيسون عن شخص الله، وإذا كان جيسون غشَّاشًا، فهو يُعلِّم الناس أنَّ الله غشَّاش! لم يخلِّص الله جيسون لكي يتمكَّن فقط من ترنيم ترنيمة أو ترنيمتين صباح الأحد؛ لقد خلَّص جيسون لليلة الاثنين، وبعد ظهر الأربعاء، ولليلة الجمعة. كلُّ جيسون هو لله طوال الوقت. والبشارة هي أنه بسبب يسوع، كل الله هو لجيسون طوال الوقت.

يقول الكتاب: «**هَلُمَّ نَسْجُدُ وَنَرْكَعُ وَنَجْثُو أَمَامَ ٱلرَّبِّ خَالِقِنَا**» (مزمور ٩٥: ٦). تتعلَّق العبادة بإدراك قيمة الله والاستجابة وفقًا لذلك.

قد نستجيب من خلال الترنيم.

قد نستجيب من خلال قراءة كلمة الله والصلاة.

هذا النوعُ من العبادة هو لله مباشرةً، وإذا لم نفكِّر في الله بينما نرنِّم أو نصلِّي أو نقرأ، فنحنُ لا نعبدُ اللهَ حقًّا.[٥] تحدَّث يسوع عن الناس الذين أكرموه بشفاههم، لكن كانت قلوبهم بعيدة عنه (متى ١٥: ٨).

ومع ذلك، هناك نوعٌ من العِبادة نقدِّمه بشكلٍ غير مباشر إلى الله أيضًا. العبادة المباشرة هي ما نفعله عندما نفكِّر في الله؛

---

[5] Donald S. Whitney, *Spiritual Disciplines for the Christian Life* (Colorado Springs, CO: NavPress, 2014), p. 106.

حين نمارس أمورًا مثل الترنيم والصلاة وقراءة الكتاب المُقدَّس. لكن غسلَ الأطباق أو قيادة سيارتك عبادةٌ لله أيضًا. ليس علينا أن نفكِّر في الله ونحن نقودُ سياراتنا لتكون القيادة عبادة: «يا إلهي، أشكرك لأنَّني أتَّجه إلى اليسار!» بل بالحَريِّ، إذا كنَّا نفعل ذلك كما يقول – وهو في هذا المثال يعني أنَّنا نسير بشكل قانونيٍّ – فنحن نعبده بشكلٍ غيرِ مباشر. إذًا، كلُّ حياتنا – سواء بشكل غير مباشر أو مباشر – يمكن أن تشيرَ إلى الله، وهكذا يمكن أن تكون كلُّ حياتنا عبادة.[٦] لتلخيص ذلك:

- كيفيَّة **تفكيرنا** هي لله (فيلبي ٣: ١٩–٢٠؛ ٤: ٨).
- كيفيَّة **حديثنا** هو لله (أفسس ٤: ٢٩).
- الكيفيَّة التي بها **ننفق أموالنا ونستمتع بعطايا الله** هي لله (١ تيموثاوس ٦: ١٧).
- كيفيَّة **عملنا** هو لله (كولوسي ٣: ٢٣–٢٤).
- الكيفيَّة التي بها **نأكل ونشرب – مهما عملنا، فإنَّ كلَّ ما نفعله** – يجب أن يكون لله (١ كورنثوس ١٠: ٣١).

العبادة بمخافة

تساعدُنا العبادة الكاملة على التفكير في العبادة بمخافة لله. لماذا؟ تعيننا على فهم هذا رسالة العبرانيين ١٢: ٢٨. تذكَّرْ كيف تحَدَّثتْ

[٦] إنني مدين لمات ميركر من أجل الفروق التي ذكرها بخصوص العبادة المباشرة وغير المباشرة.

عن عبادةِ الله بخشوعٍ ورهبة. هذه كلماتٌ لا نستخدمُها كثيرًا. ماذا تقصد هذه الكلمات؟ تقصد العيشَ في خوف لله.

«خوف الربِّ» عبارة ستواجهها كلَّما قرأتَ الكتاب المُقدَّس. عندما ننظر إلى الكتاب المُقدَّس وما يقوله عن مخافة الله، نرى أنَّ مخافة الله تعني أن نرهبَ الله. عندما نخافُ الله، نرى كم هو طاهرٌ، وكَم هو بعيدٌ عن الشرِّ – ونرتعد وفقًا لذلك. هذا هو الوصف الوظيفيُّ الأساسيُّ لنا؛ أن نخافَ الله، قاضينا (جامعة ١٢: ١٣).

ربَّما يصوِّر خوفُ الله بشكلٍ أفضل من تعريفه. في الكتاب المُقدَّس، يرى رجلٌ اسمُه إشعياءُ لمحة عن الله، ويرينا كيف تبدو مخافة الله.

فيقول إشعياء:

«فِي سَنَةِ وَفَاةِ عُزِّيَّا ٱلْمَلِكِ، رَأَيْتُ ٱلسَّيِّدَ جَالِسًا عَلَى كُرْسِيٍّ عَالٍ وَمُرْتَفِعٍ، وَأَذْيَالُهُ تَمْلأُ ٱلْهَيْكَلَ. ٱلسَّرَافِيمُ وَاقِفُونَ فَوْقَهُ، لِكُلِّ وَاحِدٍ سِتَّةُ أَجْنِحَةٍ، بِٱثْنَيْنِ يُغَطِّي وَجْهَهُ، وَبِٱثْنَيْنِ يُغَطِّي رِجْلَيْهِ، وَبَٱثْنَيْنِ يَطِيرُ. وَهَذَا نَادَى ذَاكَ وَقَالَ:

«قُدُّوسٌ، قُدُّوسٌ، قُدُّوسٌ رَبُّ ٱلْجُنُودِ.

مَجْدُهُ مِلْءُ كُلِّ ٱلأَرْضِ».

فَٱهْتَزَّتْ أَسَاسَاتُ ٱلْعَتَبِ مِنْ صَوْتِ ٱلصَّارِخِ، وَٱمْتَلأَ ٱلْبَيْتُ دُخَانًا.

فَقُلْتُ: «وَيْلٌ لِي! إِنِّي هَلَكْتُ، لِأَنِّي إِنْسَانٌ نَجِسُ ٱلشَّفَتَيْنِ، وَأَنَا سَاكِنٌ بَيْنَ شَعْبٍ نَجِسِ ٱلشَّفَتَيْنِ، لِأَنَّ عَيْنَيَّ قَدْ رَأَتَا ٱلْمَلِكَ رَبَّ ٱلْجُنُودِ»». (إشعياء ٦: ١–٥)

تشمل مخافة الربِّ كراهية الشرِّ (أمثال ٨: ١٣). عندما رأى إشعياءُ كم أنَّ الله قدوسٌ – وأدرك مدى اختلافه عن أيِّ شيء آخر – فإنَّه استجاب بكراهية خطيَّته وشرِّه. إذا واصلتَ قراءة الفقرة، سترى أنَّ إشعياء، بعد دفع ثمن خطاياه، أراد أن يطيع الله ويخدمَه طوال حياته (الآيات ٦–٨).

يوضِّح لنا مثالُ إشعياءَ أنَّ خوفَ الله يعني أن تخدمه طوال حياتك، لأنَّك تعلم أنَّ الله هو الحاكم والديَّان والمُخلِّص في حياتك.

ولذا فنحن نخدمه بوقار، ممَّا يعني إظهارَ الاحترام المناسب له.

ومع ذلك، فإنَّ هذا الاحترام لا يبدو مجرَّد الجلوس باستقامة في أثناء التواجد في الكنيسة. بل إنَّ العبادة المبجَّلة هي خدمة الله القدوس والاستجابة له حسب كلمته. في كلمته، قد وضع الله شروطًا لكيفيَّة خدمتنا له، ولهذا عرَّفنا العبادة على أنَّها استجابة ورد فعل صحيح تجاه الله. كما قال فوجان روبرتس (Vaughan Roberts): «هناك شيء مثل العبادة الكاذبة وهي لا ترضي الله».[٧] ولذا يعبد المسيحيُّون الله بتوقير، أي أنَّهم يعبدونه بحقٍّ، بل وبمخافة.

العبادة بامتنان

ومع ذلك، فإنَّ العبادة لا تتعلَّق فقط بالتوقير المناسب، ولكن أيضًا بالتمتُّع بالبهجة المناسبة بالله وعطاياه (تثنية ٢٨: ٤٧؛ ١ تيموثاوس

[7] Vaughan Roberts, True Worship (Milton Keynes: Authentic, 2002), Kindle edition, Introduction.
انظر كذلك David Peterson's *Engaging with God*: "من وجهة نظر كتابيَّة، فإنَّ عبادة الله الحقيقيِّ الحيِّ هي في الأساس التعامل معه وفقًا للشروط التي يقرِّرها وبالطريقة التي يتيحها هو وحده".

٦: ١٧). يجب أن نتمتَّع بالله وما منحنا إيَّاه، وعلينا أن نفعل ذلك بقلوب شاكرة وممتنَّة.

لا يمكننا أن نفوّت هذه النقطة: العبادة الصحيحة هي عبادة شاكرة. لا ينبغي أن يحفِّزنا الشعورُ بالذنب والعار. يجب ألَّا نحيا أبدًا من أجل الله لأنَّنا نشعر أنَّه يجب علينا ذلك، لأنَّ الله قال ذلك وقد اشترانا بدم ابنه. ليست العبادة صفقة تجاريَّة!

بالأحرى، يجب أن يُحفِّز الفرحُ عبادتنا؛ الفرح الذي يأتي من معرفة أنَّ يسوع قد حرَّرنا من الشعور بالذنب والعار. الفرح الذي يأتي من تلقِّي الهبات الصالحة من الآب الكريم. ما يجب أن يحفِّزنا على عبادتنا هو حقيقة أنَّنا نعبد الإله الواحد الحقيقيَّ. سيرى المسيحيُّ الذي ينمو في التقوى العبادةَ أقلَّ بوصفها وظيفة وأكثر بصفتها فرحًا.

تَوَقَّف

هل تعتبرُ العبادة فرحًا؟ هل العبادة مجرَّد روتين تقوم به قبل أن يقف الواعظ للكلمة، أم أنَّها ما وصفناها به في هذا الفصل؟

انظر إلى العبرانيين ١٢: ٢٨. يعطي الكاتبُ سببًا واحدًا لتسبيح الله بامتنان: بصفتنا مسيحيِّين، فقد قبلنا عطيَّة ملكوت الله. نحن مواطنوه (فيلبي ٣: ٢٠). على الرغم من أنَّنا كنَّا غير مستحقِّين، فقد أعطانا الله هذه الهبة المذهلة، والثمن الذي دفعه كان دم ابنه الذي لا يقدَّر بثمن. فالعبادة بدافع الشعور بالواجب فقط هي تفويت جمال الإنجيل. الامتنان وحياة الشكر هي لغة السماء؛ يعبِّر كلُّ شخص هناك عن الشكر، ومع ذلك لا أحد يتكلَّم هذه اللهجة في الجحيم.

لـذا فـإنَّ العبـادة الحقيقيَّـة هـي خدمـة مدفوعـة بالامتنـان والشـكر للإنجيـل والرجـاء الـذي يمنحنـا إيَّـاه. لهـذا السـبب يعبـد المسـيحيُّون الله بامتنـان وشـكر.

لقـد رأينـا أنَّ العبـادة الحقيقيَّـة هـي الاسـتجابة ورد الفعـل الصحيـح نحـو الله. إنَّهـا خدمـة

تبدأ بالله،

تركِّز على الله،

وبدون عمل الله في حياتنا،

لا نستطيع أن نعبد الله بحياتنا.

العبـادة المسـيحيَّة هـي عبـادة بمخافـة، ومـع ذلـك، كمـا ابتهجنـا للتـوِّ؛ فـإنَّ العبـادة المسـيحيَّة عبـادة شـاكرة ممتنَّـة. المسـيحيُّون هـم أنـاسٌ ينمـون لرؤيـة شـيئين أكثـر وضوحًـا. مـن ناحيـة، يـرون مـا يسـتحقُّونه. مـن ناحيـة أخـرى، يـرون كيـف عاملهـم الله بلطـف فـي المسـيح.

وهكذا يعبد المسيحيُّون.

جيسون

لـم يعـد كلُّ هـذا مهمًّـا لجيسـون؟ إنَّ التفكيـر بشـكل صحيـح حـول العبـادة سـيعينه علـى تحريـره مـن العبـادة الباطلـة.

إنَّـه يحـرِّره مـن التفكيـر فـي أنَّ الطريقـة الحقيقيَّـة الوحيـدة التـي يمكنـه مـن خلالهـا التواصـل مـع الله هـي مـن خـلال الموسـيقا التـي يحبُّهـا.

إنَّه يحرِّره من التفكير في أنَّ العبادة يجب أن تتضمَّن ارتفاعًا عاطفيًّا وروحيًّا «كما لو كانت العبادة شيئًا تشمُّه بأنفك».[8]

اعتاد جيسون أن يعتقد أنَّ العبادة الروحيَّة الفائقة تتمُّ حين يرفع الناس أذرعهم في أثناء الموسيقا في الكنيسة. لا حرج في القيام بذلك. يفعل مؤلِّف هذا الكتاب ذلك من وقتٍ لآخر. لكن الحقائق التي نظرنا إليها تذكِّرنا بأنَّ العبادة تتعلَّقُ أكثر بإكرام الله بحياتنا، وليس فقط بأذرعنا.

إلى جانب ذلك، تحرِّر هذه الحقائق جيسون من العيش كما لو أنَّ العالم يدور حوله هو.

يريد غير المسيحيِّين أن يقوم الناس بعبادتهم. لكن المسيحيِّين يريدون عبادة

الآب

والابن

والروح القدس.

بينما يجلب التسبيح بحمد الله مزيدًا من الفرح لجيسون، فإنَّه يجد أيضًا الفرح في تشجيع المسيحيِّين الآخرين وسماعهم ينشدون تسبيح الله. فيما نفكِّر في تدريب جيسون، سننتقل إلى تدريبه العامّ. سنلقي نظرة على الأمور التي يقوم بها المسيحيُّون مع الآخرين، ولماذا يجب أن يشارك جيسون في هذه الأنشطة إذا كان يتدرَّب حقًّا

[8] Roberts, *True Worship*, ch. 2.

على التقوى. سنبدأ بمجموعة من الأشخاص الذين قد لا تتوقَّع أنَّهم يُمثِّلون الكنيسة.

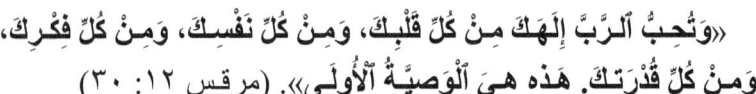

آيات للحفظ

«وَتُحِبُّ ٱلرَّبَّ إِلَهَكَ مِنْ كُلِّ قَلْبِكَ، وَمِنْ كُلِّ نَفْسِكَ، وَمِنْ كُلِّ فِكْرِكَ، وَمِنْ كُلِّ قُدْرَتِكَ. هَذِهِ هِيَ ٱلْوَصِيَّةُ ٱلْأُولَى». (مرقس ١٢: ٣٠)

مُلخَّص

تعلَّمنا في هذا الفصل أنَّ العبادة هي الاستجابة ورد الفعل الصحيح للمسيحيِّ نحو الله. وبحسب الكتاب المُقدَّس، فإنَّ عبادتنا تتمحور حول الله، وهي كاملة، وبمخافة، وبامتنان. يمكن أن تكون العبادة فرديَّة، كما تحدَّثنا في هذا الفصل، أو عامَّة، كما سنتحدَّث عنه في الفصل التالي. على الرغم من أنَّنا قد نعبد الله بشكل مباشر أو غير مباشر، فحياتنا كلُّها يجب أن تشير إليه. هذا ما خُلقنا من أجله، وهذا ما لأجله دفع يسوع حياته.

ما المقصود؟

لا يتبع أتباعُ يسوع يسوعَ وحدَه.

٦- الكنيسة: محبَّة عائلتك

جيسون

إنَّه صباحُ الأحد، وقد دخل جيسون فرأى السيِّدة بيرل، التي كانت قد أحبَّتْ يسوع أكثر مرَّتين من حياة جيسون بأكملها. إنَّها ترتدي بذلة مخمليَّة كلاسيكيَّة - بورجوندي - ويستقرُّ شعرُها الفضِّيُّ مضفَّرًا على رأسها مثل تاج. يبدو حذاؤها الرياضيُّ، المنتفخُ والأبيض، مثل الغيوم. على الرُغم من أنَّها تبدو ناعمة، فأحزمة الفيلكرو تبدو محكمة الإغلاق. السيِّدة بيرل عجوز. هي سيِّدة أميريكيَّة من أصل أفريقيٍّ من جنوب الولايات المتَّحدة. والسيِّدة بيرل موجودة هنا لتسبِّحَ الله وتشجِّعَ إخوتها وأخواتها في المسيح.

لا يمكنها الوقوف للترتيل بسبب مشاكل في فخذها، لكنَّها موجودة في نفس الغرفة مع جيسون - شاب من أصل أيرلنديٍّ. جالسة في مقعدها المعتاد في الصف الثاني، تلوح السيِّدة بيرل لماري، والدة جيسون، وتدعوها للجلوس معها. لبَّت ماري الدعوة، واعتقدَ جيسون أنَّه سيفعل ذلك أيضًا. لم يفهم جيسون الأمور الروحيَّة التي قالتها السيِّدة بيرل، ولكن عندما نظر إليها، رآها تعانق والدته بإحكام. بدأت بالصلاة من أجلها بحماس.

بدا هذا كأنَّه أمرٌ خاصٌّ، لذلك شعر جيسون بالحرج قليلًا، ونظر عبر الغرفة إلى شيء آخر. شعر بالارتياح لرؤية إيدي.

قبل عقد من الزمان، أطلق القاضي سراح إيدي من السجن. لا يزال إيدي يكافح من أجل الحصول على وظيفة جيِّدة بالنظر إلى سجلِّه، لكن هذا لم يمنعه من شراء الطعام لجيسون عندما كانا يلتقيان. على الرغم من أنَّه يمتلك القليلَ من المال، فإيدي مفعَّم بالكثير من الحبِّ. عادةً ما يتوقَّف ليتحدَّث إلى جيسون، لكنَّه كان مشغولًا بإعداد الكراسي للأشخاص القادمين إلى الغرفة. كان لديه عددٌ قليل من المتطوِّعين لمساعدته، لكنَّه كان لا يزال يتصبَّب عرقًا. تذكَّر جيسون أنَّ إيدي كان شمَّاسًا، مهما كان معنى ذلك.

تكدَّس مزيدٌ من الناس في الغرفة. جاء باتريك، وهو فلبينيٌّ ثريٌّ، وجلس في الصفِّ الأماميِّ بجوار زاماري، وهي طالبة دراسات عليا أتت إلى منزلها في إجازة. توفِّيت زوجة باتريك بسبب السرطان العام الماضي، وخُطبتْ زماري لتوِّها. سأل باتريك زماري كيف كانت خطوبتها، وبدا سعيدًا جدًّا من أجلها. اعتقد جيسون أنَّ باتريك هو من خطبها.

ودخل الغرفة التالية آل جونسون، وهي عائلة متيسِّرة الحال لديها الكثير من المال. لقد تأخَّروا قليلًا، ودخلوا بصوت عالٍ بعض الشيء، على الرغم من محاولتهم للتسلُّل دون أن يتمَّ اكتشافهم. كان السيِّد جونسون يحمل ابنته كلوي البالغة من العمر سنة واحدة مثل كرة القدم. استمرَّت السيِّدة جونسون الحامل في الاعتذار للناس منذ أن كانت كلوي توزِّع ابتساماتها المبهجة على الناس. فقد أضحكت الناس. عند البحث عن مقاعد، بدا السيِّد والسيِّدة جونسون وكأنَّهما يحاولان

الحفاظ على سلامتهما العقليَّة بقدر ما كانا يحفظان أطفالهما. لكن عائلة جونسون كانت في الكنيسة وبدت حريصة أن تكون هناك.

في الزاوية الأماميَّة من الغرفة، تجلس أختٌ برازيليَّة خلف البيانو. وثمة أخٌ كوريٌّ يجلس على رأس الكاخون. ينتظر كلاهما لبدء العزف، بينما يقف القسُّ في مقدِّمة الغرفة.

حيَّا القس الجميع قائلًا: «صباح الخير أيُّها الأحبَّاء». تبدو كلماته الدافئة وكأنَّها عناقٌ لفظيٌّ. «لقد أعطانا الله نعمة لنجتمع مرَّة أخرى».

صرخت السيِّدة بيرل «هلليلويا، نعم لقد أعطانا!» متأرجحة ذهابًا وإيابًا في مقعدها بابتسامة ملتوية ويد واحدة مرفوعة. تمسك يدها الأخرى بعصاها.

فُتحت عينا زماري على مصراعيها بعد صراخ السيِّدة بيرل. لقد مرَّت فترة منذ أن زارت زماري هذا المكان، لكنَّها اكتشفت ما يبدو أنَّ الجميع يعرفه: مع مرور كلِّ شهر، كانت العزيزة السيِّدة بيرل تبدو أكثر حيويَّة. انحنت إلى جيسون، وقالت بابتسامة: «الله صالحٌ جدًّا، يا حبيبي، ولن أترك الحجارة تصرخ بدلًا منِّي».

لم يكن لدى جيسون أيَّة فكرة عمَّا تعنيه، ومع ذلك، ظلَّ القسُّ يبتسم في المقدِّمة واستمرَّ في التحدُّث. وإذ بدأ يتكلَّم، كان جيسون ينصت.

ما هذا المكان؟ ما هو هذا المكان الذي يجتمع فيه الأغنياء والفقراء، كبارًا وصغارًا، السود والبيض معًا ويخدمون بعضهم البعض؟

إنَّه الكنيسة.

تدريب عامٌّ

في النصف الأوَّل من هذا الكتاب، نظرنا إلى التدريب الشخصيِّ – التدريبات الروحيَّة التي يقوم بها المسيحيُّون بشكل فرديٍّ في أثناء اتِّباعهم للمسيح. فكَّرنا في تدريبات:

قراءة الكتاب المُقدَّس،

الصلاة،

والعبادة.

الآن، بينما ننتقل إلى التدريب العامِّ، نفكِّر في التدريبات الروحيَّة التي يمارسها المسيحيُّون مع الآخرين. في هذا الفصل، سنلقي نظرة على الطرق التي يحبُّ بها المسيحيُّون المسيحيِّين الآخرين. في الفصل التالي، سنرى كيف يمكن للمسيحيِّين أن يحبُّوا غير المسيحيِّين.

في الفصل الأخير، تعلَّم جيسون أنَّ **الحياة المسيحيَّة ليست فقط حياة يوم الأحد، بل الحياة اليوميَّة**. ومع ذلك، لا يعني هذا أنَّ ما يحدث يوم الأحد ليس مهمًّا. في الواقع، لدى الكتاب المُقدَّس الكثيرُ ليقوله عن الكنيسة. في المقام الأوَّل يعلِّمنا ما هي الكنيسة.

توَقَّف

عندما تسمع كلمة «كنيسة»، ما الذي يخطر ببالك؟ من يتبادر إلى ذهنك؟

ما هي الكنيسة؟

يتحدَّث الكتاب المُقدَّس عن الكنيسة بطريقتين أساسيَّتين. أوَّلًا، هناك ما يسمَّى بالكنيسة الجامعة. الكنيسة الجامعة هي جميع المسيحيِّين من جميع الأزمان من جميع أنحاء العالم. يتحدَّث الكتاب المُقدَّس عن الكنيسة الجامعة في آيات مثل كولوسي ١: ٢٨:

«[يسوع] **هُوَ رَأْسُ ٱلْجَسَدِ: ٱلْكَنِيسَةِ**».

هذه الصورة للكنيسة بوصفها جسدًا هي صورة مهمَّة لأنَّنا لا نستطيع أن نعرف ما هي الكنيسة دون أن نعرف من هي، أو مِلك من. وتوضِّح كولوسي ١ أنَّ الكنيسة تنتمي إلى يسوع. إذا كان جيسون في الجسد، فهو متَّصل بالرأس.

يفرح جيسون بحقيقة أنَّه مُرتبطٌ بيسوع، ولكن هذا يعني أيضًا شيئًا خاصًّا لعلاقاته مع المسيحيِّين الآخرين – أي أنَّه مرتبط بهم أيضًا. كلُّ المسيحيِّين هم أعضاء مختلفون لنفس الجسد، لذلك نحن جميعًا مرتبطون ببعضنا البعض.

نحن إخوة وأخوات ماتَ يسوع ليخلِّصهم ويحضرهم إلى الآب.

نحن إخوة وأخوات لنا نفس الروح، الروح القدس (أفسس ٤: ٣).

عندمـا يجمـع المسـيح الكنيسـة العالميَّـة، سـتكون مكوَّنـة مـن أنـاس مـن جميـع أنحـاء العالـم (رؤيـا ٧: ٩). يرتبـط المسـيحيُّون ببعضهـم البعـض ارتباطًـا وثيقًـا لأنَّنـا مرتبطـون بيسـوع.

⊗ جيسون

هـذا يعنـي أنَّ لـدى جيسـون قواسـم مشـتركة مـع السـيِّدة بيـرل، أختـه التـي اشـتراها يسـوع بدمـه، أكثـر مـن قواسـمه المشـتركة مـع آل، شـقيقه بالـدم.

الكنيسـة الجامعـة شـيءٌ لا يصـدَّق. ومـع ذلـك، هنـاك طريقـة أخـرى يتحـدَّث بهـا الكتـاب المُقـدَّس عـن الكنيسـة. يتحـدَّث عمَّـا يُسـمَّى عمومًـا بالكنيسـة المحلِّيَّـة.

يتحـدَّث الكتـاب المُقـدَّسُ عـن الكنيسـة الجامعـة والكنيسـة المحلِّيَّـة.

كتـب بولـس إلـى كنائـس معيَّنـة فـي مـدن محـدَّدة (١ تسـالونيكي ١: ١)، وكتـب أيضًـا إلـى العديـد مـن الكنائـس المحلِّيَّـة فـي المنطقـة (غلاطيـة ١: ٢).

الكنيسـة المحلِّيَّـة هـي تجمُّـع للمسـيحيِّين الذيـن يجتمعـون بانتظـام فـي مـكان واحـد لسـماع تعليـم كلمـة الله وللاحتفـال بالمعموديَّـة وعشـاء الـربِّ. سأشـرح هـذا التعريـف مـع اسـتمرارنا، ولكـن دعونـا الآن نفصـل شـيئًا أساسـيًّا واحـدًا. عندمـا يتحـدَّث الكتـاب المُقـدَّس عـن الكنيسـة المحليَّـة، فإنَّـه يعنـي جماعـة مـن النـاس. هـذا يعنـي أنَّ الكنيسـة المحليَّـة ليسـت مكانًـا؛ إنَّهـا مجموعـة مـن النـاس. للحصـول علـى كنيسـة، لا تحتـاج

إلى مبنى به برج الكنيسة؛ أنت بحاجة إلى شعب الله، أي المسيحيِّين. يمكن لهؤلاء المسيحيِّين أن يجتمعوا في الخارج، أو في فندق، أو في حيٍّ فقير، أو في مجمع سكني؛ في أيِّ مكان. النقطة المهمَّة هي أنَّهم يلتقون بانتظام ويلتزمون بكلمة الله ويلتزمون تجاه بعضهم البعض.

الكنيسة المحليَّة هي المكان الذي يجتمع فيه أعضاء من الكنيسة غير المنظورة وتصبح منظورة. إنَّه المكان الذي تجتمع فيه عائلة الله.

في مَرقُس ١٠: ٢٩–٣٠، وعد يسوع أنَّ أيَّ مسيحيٍّ يترك منزله من أجله سيحظى بعائلة:

قال يسوع: «**ٱلْحَقَّ أَقُولُ لَكُمْ: لَيْسَ أَحَدٌ تَرَكَ بَيْتًا أَوْ إِخْوَةً أَوْ أَخَوَاتٍ أَوْ أَبًا أَوْ أُمًّا أَوِ ٱمْرَأَةً أَوْ أَوْلَادًا أَوْ حُقُولًا، لِأَجْلِي وَلِأَجْلِ ٱلْإِنْجِيلِ، إِلَّا وَيَأْخُذُ مِئَةَ ضِعْفٍ ٱلْآنَ فِي هَذَا ٱلزَّمَانِ، بُيُوتًا وَإِخْوَةً وَأَخَوَاتٍ وَأُمَّهَاتٍ وَأَوْلَادًا وَحُقُولًا، مَعَ ٱضْطِهَادَاتٍ، وَفِي ٱلدَّهْرِ ٱلْآتِي ٱلْحَيَاةَ ٱلْأَبَدِيَّةَ**».

أين يمكن للمسيحيِّين أن يجدوا إخوة وأخوات وأمَّهات؟ في الكنيسة. مع كلِّ هذه اللغة العائليَّة ومرادفات العائلة، فلا عجب لماذا يدعو بولس الكنيسة «أهل الإيمان» (غلاطية ٦: ١٠). تمامًا كما تشكِّل عائلاتنا البيولوجيَّة الأُسَر، فإنَّ عائلاتنا الروحيَّة تفعل ذلك أيضًا.

تَوَقَّف

هل اختبرتَ الحياة الأسريَّة في الكنيسة؟ إذا كان ذلك، كيف كانت تبدو؟ إذا لم تكن قد اختبرتها، فكيف تريد أن تكون، وبرأيك كيف يريدها الله أن تكون؟

يكتب بولس كثيرًا عن الكيفيَّة التي يجب أن تُنشأ بها عائلة الإيمان، ويشتمل جزء من هذا الترتيب على شيئين يجب أن تمتلكهما كلُّ كنيسة: الشيوخ والشمامسة.

نجد في الكتاب المُقدَّس أنَّه يجب أن يكون لكلِّ كنيسة شيوخ (تيطس ١: ٥؛ أعمال الرسل ١٤: ٢٣).

توضيح

إحدى الصور الشائعة للمسيحيِّين هي أنَّنا خراف. إذا كان يسوع هو الراعي الرئيسي للخراف كما تقول رسالة بطرس الأولى ٥، فإنَّ الشيوخ هم رعاة صغار أو مساعدو رعاة. **الشيوخ هم رعاة** يحمون الخراف التي أعطاها الله لهم. إنَّهم يشرفون على ما يجري في الكنيسة، ويتأكَّدون من أنَّ جماعة المؤمنين يتعلَّمون الحقَّ من كلمة الله، وليس الأكاذيب من عدوِّ الله.

الشمامسة هم أشخاص مثل الشابِّ «إيدي» يخدمون الكنيسة من خلال القيام بمهام إداريَّة حتَّى لا تنقسم الكنيسة.

٥ توضيح

فكّر في الشمامسة كأنَّهم مثل النادل في المطعم. إنَّهم يخدمون حتَّى يتمكَّن الآخرون من القدوم والاستمتاع، وليس الشجار على الطعام. يعطينا سفر أعمال الرسل ٦ مثالًا على هذا النوع من الصراع في الكنيسة المحليَّة، ويبدو أنَّ الشمامسة هم الحلُّ.

من يجب أن يكون شيخًا أو شمَّاسًا؟ يسرد بولس مؤهِّلات هذه الأدوار في ١ تيموثاوس ٣، ولكن الإجابة المختصرة هي أنَّ الرجال الأتقياء القادرين على التعليم يمكن أن يكونوا شيوخًا، ويمكن للرجال والنساء الأتقياء أن يكونوا شمامسة.

يرى جيسون أنَّ الكتاب المُقدَّس لديه الكثير ليقوله عن الكنيسة؛ ما هي، ومن هي، وكيف يتمُّ بناؤها. لا يمكنه فهم الأمر كلّه، لكنَّه تعلَّم ما يكفي ليعرف أن **الله يهتمُّ كثيرًا بالكنيسة المحليَّة**.

لذلك، نحن نعرف القليل عن ماهيَّة الكنيسة المحليَّة. ولكن ماذا يحدث بالفعل عندما تجتمع عائلة الله؟

ماذا يحدث في الكنيسة؟

الكنيسة هي لقاء العائلة الأسبوعيُّ لشعب الله، وهنا خمسة أشياء رئيسيَّة تحدث عندما يجتمعون.

١. في الكنيسة، يتمُّ الوعظ بكلمة الله. (أعمال الرسل ٢: ٤١-٤٢)
نجد في أعمال الرسل ٢ بداية الكنيسة المحليَّة.[١] يعظ بطرس

[١] إنَّني مدين لمادَّة الالتحاق بعضويَّة الكنيسة، واسمها "الحياة معًا،" والتي توفِّرها كنيسة كابيتول هيل المعمدانيَّة من أجل ذكر هذه النقطة والنقطة التالية.

بإحدى أولى العظات المسيحيَّة (٢: ١٤–٤١). وكيف يستجيب الناس؟

«فَقَبِلُوا كَلَامَهُ بِفَرَحٍ، وَٱعْتَمَدُوا، وَٱنْضَمَّ فِي ذَلِكَ ٱلْيَوْمِ نَحْوُ ثَلَاثَةِ آلَافِ نَفْسٍ. وَكَانُوا يُوَاظِبُونَ عَلَى تَعْلِيمِ ٱلرُّسُلِ، وَٱلشَّرِكَةِ، وَكَسْرِ ٱلْخُبْزِ، وَٱلصَّلَوَاتِ». (الآيات ٤١–٤٢)

تميَّزت الكنيسة الأولى بمحبَّة كلمة الله. كرَّسوا أنفسهم لتعاليمه. إذا كان التلاميذ يرغبون في التعلُّم، كما قلنا في الفصل الأوَّل، فإنَّ الكنيسة المحليَّة هي مدرسة. وتحتوي على كلِّ ما تتوقَّع أن تمتلكه مدرسة جيِّدة:

معلِّمون،

انضباط،

تصحيح،

إرشاد.

يجتمع شعبُ الله حولَ كلمة الله. إنَّها نارُ المخيم التي تتجمَّع حولها العائلة خلال اجتماعها الأسبوعيِّ.

لذلك، عندما تذهب إلى الكنيسة؛ دع أذنك تعمل. استمع بعناية إلى كلمة الله كما تُعلَّم. اذهبْ إلى الكنيسة لتُجهِّزك وليس للترفيه. لا تجلسْ هناك لتنتقدَ التعليم فقط. اجلس تحت كلمة الله كمن يحتاجها، وليس مثل شخص يحكم عليها أو يدينها.

سأل أحدُهم راعيًا ذاتَ مرَّة عن سبب وعظه بالإنجيل أسبوعًا بعد أسبوع، فأجاب: «لأنك تنساه أسبوعًا بعد أسبوع».

عندما سأل أحد أعضاءُ الكنيسة قسًّا آخر عن سبب وعظه لفترة طويلة، أجاب: «لأنَّك تخطئ كثيرًا!» على الرغم من كون الأمر قد يبدو مضحكًا، فإنَّ ردود هذين القسَّين تعكس حاجتنا إلى سماع كلمة الله كل أسبوع.

٢. **في الكنيسة نؤمن بكلمة الله ويعتمد المؤمنون. (أعمال الرسل ٢: ٤١–٤٢)** هل رأيتَ ماذا حدث أيضًا عندما خرجتْ كلمة الله في أعمال الرسل ٢؟ آمن الناس بها! جاء الإيمان من خلال الاستماع، كما تقول رومية ١٠. توضّح الآية ٤١ أنَّ الناس «قبلوا» الكلمة على أنَّها الحق. واستجابوا بأن تعمَّدوا، كما أمر يسوعُ التلاميذ في متى ٢٨: ١٩.

المعموديَّة هي الطريقة التي يَعترف بها المسيحيُّون بإيمانهم. **إنَّها الطريقة التي نتَّحدُ بها علنًا مع يسوع.** إنَّها الطريقة التي نقول بها للعالم المراقب: «أنا متَّصل بيسوع. أنا من أتباعه. أنا في فريقه».

توضيح

في الرياضة، يمثِّل الناسُ فريقهم من خلال ارتداء القميص. فيرتدي كريستيانو رونالدو قميصَ البرتغال. ويرتدي توم برادي قميص باتريوتس. وعندما يُعمَّد مسيحيٌّ، فإنَّه (أو إنَّها) يرتدي القميص الصوفي لفريق يسوع.[٢] وأكثر من ذلك، عندما يُعمَّد المسيحيُّون، فإنَّهم ينطلقون ممَّا قد تمَّ معهم روحيًّا. وحين ينزل مسيحيٌّ جديد في الماء، يُظهر كيف مات بطريقة ما.

٢ حصلت على هذا المثل التوضيحيّ الذي يحكي عن الرداء الصوفيّ من جوناثان ليمان.

وعندما يَصعد من الماء، يُظهر كيف أنَّه في يسوع شخص جديد مع حياة جديدة (٢ كورنثوس ٥: ١٧؛ رومية ٦: ٣–٤).

المعموديَّة هي من أولى أعمال الطاعة بالنسبة للمسيحيِّ. إنَّه عملُ يتم لمرَّة واحدة للمسيحيِّين، لا يتكرَّر. لذا، إذا كنتَ مسيحيًّا ولكنَّك لم تعتمد، فتحدَّثْ إلى راعي الكنيسة. وإذا كنتَ قد اعتمدتَ، فقم بعمل محاولة رؤية الآخرين يعتمدون (سنتحدَّث عن ذلك أكثر في الفصل التالي).

٣. **في الكنيسة، تؤكل وجبة الله. (١ كورنثوس ١١)** والعشاء الربانيُّ، الذي يُسمَّى غالبًا بالشركة، هو وجبة أوصى يسوع المسيحيِّين بتناولها لتذكُّره وتذكُّر موته (١ كورنثوس ١١: ٢٤–٢٦). تعكس هذه الوجبة المحبَّةَ والوحدة بين شعب الله، وليس الأنانيَّة والانقسام.

في ١ كورنثوس ١١، يصحِّح بولس كنيسة محليَّة. ظنُّوا أنَّهم كانوا يجتمعون لتناول العشاء الربانيِّ، لكنَّهم في الواقع لم يكونوا كذلك. لماذا؟ لأنَّ هؤلاء المسيحيِّين من كورنثوس استخدموا العشاء الربانيَّ ليحشوا أنفسهم بالطعام والكحول. لم يكونوا ينتظرون بعضهم البعض أو يهتمُّون ببعضهم البعض؛ كانوا يهتمُّون فقط بأنفسهم.

لم تكن وجبة الله مخصَّصة لذلك، بل كان من المفترض أن نتقوَّى في إيماننا، وأن نفحص أنفسنا، ونتذكَّر موت المسيح، ونعلن أنَّه سيأتي مرَّة أخرى. لذا بينما يستعدُّ جيسون للعشاء الربانيِّ، يجب أن يتأكَّد من أنَّ علاقته بالربِّ ومع الآخرين

صحيحة. ومع ذلك، يجب عليه أيضًا أن يتطلَّع إلى اليوم الذي سيعود فيه الربُّ، ويتمتَّع بالعشاء بصفته تذوَّق للعشاء الذي سنستمتع به مع يسوع يومًا ما (رؤيا ١٩: ٦–٩).

٤. **في الكنيسة، تُرنَّم تسبيحاتُ الله (أفسس ٥: ١٨–١٩).** بالنظر إلى الطريقة التي كان يتعامل بها مؤمنو كورنثوس مع بعضهم البعض، فليس أمرًا غريبًا أن يطلب بولس من المسيحيِّين ألَّا يسكروا. بدلًا من ذلك، يأمرنا قائلًا: «**ٱمْتَلِئُوا بِٱلرُّوحِ، مُكَلِّمِينَ بَعْضُكُمْ بَعْضًا بِمَزَامِيرَ وَتَسَابِيحَ وَأَغَانِيَّ رُوحِيَّةٍ، مُتَرَنِّمِينَ وَمُرَتِّلِينَ فِي قُلُوبِكُمْ لِلرَّبِّ**» (أفسس ٥: ١٨–١٩).

هل فكَّرتَ يومًا في الترنيم على أنَّه جزءٌ من طاعتك ليسوع؟ الوصيَّة الأكثر تكرارًا في الكتاب المُقدَّس هي وصيَّة أن ترنِّم! في كثير من الأحيان، يتجنَّب المسيحيُّون الترنيم لأنَّهم لا يحبُّون الترانيم أو لا يستطيعون الترتيل بشكل جيِّد. لكن مخلِّصنا، وليس أمثالنا أو مهاراتنا، يجب أن يحدِّد مدى ارتفاع أصواتنا. منذ قبر يسوع الفارغ، كان لدينا الكثير لنرنِّم به. دعونا لا ننسى أنَّ أحد الأسباب الرئيسيَّة للذهاب إلى الكنيسة هو تشجيع المسيحيِّين الآخرين، وإحدى الطرق الأساسيَّة للقيام بذلك هي من خلال الترنيم.

٥. **في الكنيسة، يصلِّي شعبُ الله (أفسس ٥: ٢٠).** ويأمر بولس الكنيسة أيضًا أن تشكر الله «**كُلَّ حِينٍ عَلَى كُلِّ شَيْءٍ فِي ٱسْمِ رَبِّنَا يَسُوعَ ٱلْمَسِيحِ**».

في أعمال الرسل ٢: ٤٢، رأينا كيف أنَّ المؤمنين في الكنيسة الأولى كانوا «**يُواظِبُونَ عَلَى ... ٱلصَّلَوَاتِ**». شعب الله المجتمِع هم شعبٌ مُصَلٍّ. في حين أنَّ الصلاة الفرديَّة رائعة، إلَّا أنَّ هناك شيئًا ما يتعلَّق بالصلاة مع المسيحيِّين الآخرين.

يساعدنا هذا النوع من الصلاة على تذكُّر اهتمامات الآخرين (فيلبي ٢: ٤).

يعكس هذا النوع من الصلاة وحدتنا.

تظهر الصلاة مع المسيحيِّين الآخرين أنَّنا نفهم علاقتنا بعضنا ببعض من خلال يسوع. تذكَّرْ أنَّ الصلاة الربانيَّة تبدأ بـ «أبانا» وليس «أبي».

٥ توضيح

في كنيستي، صلَّت أخت بيضاء مُسنَّة قد نشأت في مجتمع أخبرها ألَّا ترتبط أبدًا بالسود مع أخ شاب أسود من أجل جهود خدمته في تاريخ الجامعة السوداء. إنَّهما عضوان في نفس الكنيسة، والأهمُّ من ذلك، هما عضوان في نفس الجسد – جسد يسوع. أظهرتْ صلواتها من أجله أنَّ ما يهتمَّان به واحد. لا توجد جدران يمكن للعالم أن يبنيها يمكن أن تفصل بينهما. لذلك ذهبا معًا أمام أبيهما السماويِّ بطلباتهما. هذا المشهد الصغير هو بمثابة بروفة لليوم العظيم عندما يجتمع المسيحيُّون من كلِّ قبيلة ولسان معًا.

لذا، إذا صلَّتْ كنيستك معًا، فاشتركْ في تلك الصلوات. قل «آمين» وقلها بصوت عالٍ. عندما نقول «آمين»، نقول: «أنا أتَّفق مع هذه الصلاة؛ هذه صلاتي أيضًا».

تَوَقَّف

أيٌّ من الأنشطة الخمسة التالية تقدّرها أكثر من غيرها؟ لماذا؟

معًا، يسمع المسيحيُّون كلمة الله،

يعمِّدون المؤمنين،

يشتركون في تناول مائدة الرب،

يرنِّمون شاكرين الله،

ويصلُّون.

كيف يمكن لجيسون أن ينخرط في هذه الأمور؟ فيما يلي ثلاثة اقتراحات بسيطة للغاية يمكن لأيِّ مسيحيٍّ القيام بها.

كيف بمقدورك أن تحبَّ عائلتك؟

بالحضور بانتظام | الطريقة الأولى والأكثر أساسيَّة التي يمكن أن يحبَّ بها جيسون كنيسته هي الحضور بانتظام. وصف هيرشيل يورك (Hershael York) هذه الخطوة الأولى جيِّدًا:

> أسهل عمل طاعة للمسيحيِّ هو التجمُّع مع الكنيسة للعبادة يوم الأحد. يتطلَّب ذلك فقط أن تنهض وترتدي ملابسك وتصل إلى هناك. ومع ذلك، من المدهش أنَّ العديد من المسيحيِّين اليوم لن يفعلوا أسهل شيء، ويتساءلون لماذا يصارعون مع الأشياء الصعبة.[٣]

[3] Hershael York, <https://twitter.com/hershaelyork/status/9347433004 85140481>. Date accessed: 5th July 2019.

هل تعلم أنَّ الله يأمر المسيحيِّين بالتجمُّع بانتظام في كنيسة محليَّة؟ في العبرانيين ١٠: ٢٤-٢٥، يقول الله «**وَلْنُلَاحِظْ بَعْضُنَا بَعْضًا لِلتَّحْرِيضِ عَلَى ٱلْمَحَبَّةِ وَٱلْأَعْمَالِ ٱلْحَسَنَةِ، غَيْرَ تَارِكِينَ ٱجْتِمَاعَنَا كَمَا لِقَوْمٍ عَادَةٌ، بَلْ وَاعِظِينَ بَعْضُنَا بَعْضًا**».

بالطبع، ستكون هناك أوقاتٌ نكون فيها مرضى أو خارج المدينة، ولكن بشكل عامٍّ، يجب أن يكون الناسُ قادرين على الاعتماد علينا للتجمُّع مع الكنيسة. أبسط خدمة لدينا هي خدمة حضورنا إلى الكنيسة.

يقول بعضُ المسيحيِّين إنَّهم لا يحتاجون إلى كنيسة لتشجيع المسيحيِّين الآخرين. يمكنهم فعل ذلك مع أصدقائهم المسيحيِّين. لكن إذا لم يذهبوا إلى الكنيسة، فكيف سيشاركون في الأمور الخمسة التي فكَّرنا فيها للتوّ؟ إنَّ عدم الانضمام إلى هذه الأفعال الخمسة يُعدَّ أمرًا خاطئًا، وإذا كانت مجموعة أصدقائهم تفعل كلَّ هذه الأمور الخمسة، فمن المُحتمل أن يكونوا بالفعل يُشكِّلون كنيسة. نصيحة القسّ مارك ديفر (Mark Dever) هنا مفيدة لأنَّها تربط الأشخاص المحبِّين في الكنيسة بالوصيَّتين العظيمتين اللتين نظرنا إليهما في الفصل الأوَّل:

> الكنيسة هي التي تضع على عاتقها تنفيذ أمر يسوع بأن تحبَّ قريبك كنفسك وأن تحبَّ الربَّ إلهك. إلى أن يفهم شخصٌ ما الكنيسة، فأنت تتحدَّث فقط عن شخص يختار أن يحبَّ أصدقاءه، وحتَّى غير المؤمنين يفعلون ذلك (لوقا ٦: ٣٣). إنَّها الكنيسة التي تعطي تلك الأوامرَ شكلًا مشابهًا ليسوع لأنَّها

الكنيسـة التـي يجتمـع فيهـا جميـعُ أنـواع النـاس معًـا، والذيـن قـد يكونـون أعـداءً فـي العالـم.[٤]

إذا كنـت مسيحيًّا وتقرأ هـذا ولكنَّـك أهملـت الكنيسـة، فلـديَّ خبـر سـار لـك: هنـاك نعمـة لكـي تُمنـح الغفـران. دع هـذه النعمـة تشـجِّعك علـى البـدء فـي الذهـاب إلـى الكنيسـة بانتظـام. كلُّ شـخص فـي أيِّ كنيسـة محطَّـم مثلـك تمامًـا ويحتـاج إلـى نفـس القـدر مـن النعمـة مثلـك. سيحبُّ الشيطان أن يخجلـك مـن الذهـاب إلـى الكنيسـة، لكـن لا تدعـه يفعـل ذلـك. تعـرَّف علـى الكنائـس الموجـودة حولـك، وابحـث عـن كنيسـة تكـرز ببشـارة يسـوع. وحِـب إخوتـك وأخواتـك مـن خـلال حضـور اجتماعاتهـم بانتظـام.

انضـمَّ بسـرعة | إنَّ الذهـاب إلـى الكنيسـة هـو خطـوة جيِّـدة تُعبِّـر عـن الحـبِّ، لكنَّهـا ليسـت الخطـوة الأخيـرة. ففـي النهايـة، لا يصيِّـرك الذهـاب إلـى الكنيسـة مؤمنًـا كمـا أنَّ الوقـوف فـي مـرآب لا يجعـل منـك سـيارة. إذا كنـتَ مسـيحيًّا وتقـدِّم كنيسـتك عضويَّـة، وآمـل أن تفعـل ذلـك، يجـب أن تحبَّهـم مـن خـلال الانضمـام إلـى كنيسـتك بصفتـك عضـوًا.

إذا قلنـا إنَّنـا ننتمـي إلـى الكنيسـة الجامعـة دون الانتمـاء إلـى كنيسـة محليَّـة، فنحـن نشـبه شـخصًا يقـول إنَّـه لاعـب بيسـبول لكنـه ليـس فـي فريـق. فهـذا لا معنـى لـه. يضـع الكتـاب المُقـدَّس توقُّعًـا بـأن ننضـمَّ إلـى الكنائـس المحليَّـة. فـي ١ كورنثـوس ٥، يقـول بولـس إنَّ هنـاك جانـب داخلـي وخارجـي للكنيسـة المحليَّـة. كيـف يمكننـا معرفـة الفـرق؟ عضويَّـة الكنيسـة هـي الجـواب.

فـي وقـتٍ سـابق مـن هـذا الفصـل، تحدَّثنـا عـن حيـاة عائلـة الكنيسـة. يفقـد العديـدُ مـن المسـيحيِّين مُتعـة وجمـال هـذا لأنَّهـم لا يلتزمـون بكنيسـة

٤ أخبرني مارك ديفر بهذا الكلام في محادثة شخصيَّة.

واحدة. قد يستمتع الرجلُ الذي يذهب في الكثير من المواعيد الغراميَّة مع العديد من الفتيات، لكنَّه لن يختبر أبدًا الحبَّ العميق الذي يقدِّمه الزواج. فوق ذلك، من الواضح أنَّه عازمٌ على ما يمكنه الحصول عليه من العلاقات، وليس ما يمكن أن يقدِّمه لهنَّ.

وبالمثل، فإنَّ أولئك الذين «يواعدون» الكثيرَ من الكنائس ولكنَّهم لا يلتزمون بأحدها لن يختبروا أبدًا عُمق الحبِّ الذي يجب أن تقدِّمه الكنيسة المحليَّة.[٥] أن تكون مسيحيًّا هو أن تكون شخصًا لا يتطلَّع إلى أن يُخْدَم بل أن يَخْدم، وهو ما يقودنا إلى اقتراحنا الأخير.

اخدم بأمانة | في مَرقُس ١٠: ٤٣–٤٥، قال يسوع إنَّ أعظمنا سيكون خادمًا. يمكن لجيسون أن يحبَّ كنيسته من خلال خدمتها بأمانة وإخلاص. أعني بـ «الخدمة الأمينة» ببساطة أنَّه يمكن للناس الوثوق بجيسون للمساعدة بأيَّة طريقة ممكنة. هناك الكثيرُ من الطرق للمساعدة. لا يحتاج إلى الانتظار حتَّى يشعر بأنَّه «موهوب» في منطقة معيَّنة، وبالتأكيد لا يجب أن يُطالِب بالخدمة في المكان والوقت الذي يريده فقط. إذا فعل ذلك، فسيظهر أنَّ خدمته تتعلَّق به أكثر ممَّا تتعلَّق بأولئك الذين يخدمهم. ولكن إذا كان جيسون سعيدًا بتلبية أيَّة احتياجات – مثل ترتيب الكراسي – فسيكون لديه الكثيرُ من الفرص للخدمة.

فكيف يمكن أن يخدم جيسون كنيسته على وجه التحديد؟ إذا قرأتَ العهد الجديد ووضعت دائرة حول عبارة «بعضنا البعض»، فسيكون لديك الكثير من الدوائر على صفحات الكتاب المُقدَّس.

---

٥ بالطبع لا يربطك الانضمام إلى أحد الكنائس بهذه الكنيسة كما يربطك الزواج بشريك حياتك!

كلُّ هذه دعوات للطاعة بفرح. لكن اسمحوا لي أن أبرز وصيَّتين يمكن لجميع المسيحيِّين أن يطيعوها لخدمة كنيستهم المحليَّة:

أوَّلًا، يمكنك التدرُّب على **حسن الضيافة** (١ بطرس ٤: ٩). اطلب من الناس الذهاب إلى منزلك أو شقَّتك أو المبيت عندك عند الحاجة. نقرأ في أعمال الرسل ٢: «**وَكَانُوا كُلَّ يَوْمٍ يُوَاظِبُونَ فِي ٱلْهَيْكَلِ بِنَفْسٍ وَاحِدَةٍ. وَإِذْ هُمْ يَكْسِرُونَ ٱلْخُبْزَ فِي ٱلْبُيُوتِ، كَانُوا يَتَنَاوَلُونَ ٱلطَّعَامَ بِٱبْتِهَاجٍ وَبَسَاطَةِ قَلْبٍ**» (الآية ٤٦). أحبُّ كيف تربط هذه الآية الضيافة بالقلب. الضيافة قضيَّة قلب وليست قضيَّة مساحة. الطالب الجامعي الذي يدعو أسرة مكوَّنة من خمسة أفراد إلى غرفة النوم الخاصَّة به لتناول العشاء يفهم هذا الأمر. لذا، حتَّى لو كانت حجرتك صغيرة، اطلب من الأشخاص زيارة منزلك.

الطريقة الثانية التي يمكنك من خلالها خدمة كنيستك بأمانة هي **تلمذة شخصٍ ما**، ويعني هذا ببساطة مساعدة شخصٍ ما على اتِّباع يسوع. في متى ٢٨، يقول يسوع إنَّ كونك تلميذ يعني أن تكون شخصًا يصنع تلاميذ. بينما يقوم جميع أعضاء الكنيسة بذلك بطرق غير رسميَّة، ابحثْ عن شخصٍ يمكنك مقابلته بانتظام ومساعدة بعضِكما البعض على اتِّباع يسوع. في حين أنَّه من الرائع أن يكونَ هذا الشخص أكبر منك، إلَّا أنَّه لا يحتاج الأمر إلى أن يكون أكبر سنًّا. ومع ذلك، فمن المفيد عادةً أن يكون هذا الشخص من نفس جنسك.

جيسون

انتهتْ خدمة الكنيسة، وكان جيسون على وشْك الذهاب لمساعدة إيدي في تنظيف الكراسي عندما أمسكت السيِّدة بيرل العجوز بذيل قميصه. كانت مجنونة نوعًا ما، على الأقلّ في ذهن جيسون، لكنَّه كان يدرك أنَّها كانت جدَّته المجنونة في المسيح. جعله ذلك ينتظر لسماع ما ستقوله.

تركت السيِّدة بيرل بعض المساحة لجيسون قبل أن تتحدَّث.

وقالت بهدوء: «أنت تعرف أنَّني أعرف والدك، يا بني». هزَّت رأسها بتعبير حزين. «أنا آسفة جدًّا لما فعله».

صُدم جيسون ممَّا قالته؛ لأنَّه كان كلامًا منطقيًّا.

قال جيسون وهو يتخبَّط بحثًا عن الكلمات الصحيحة: «نعم، كانت لديه بعض المشاكل».

«صحيح»، ردَّت السيِّدة بيرل وهي جالسة. كانت نبرة صوتها لطيفة بقدر ما كان ردُّها قصيرًا، على الرغم من قول جيسون شيئًا واضحًا مثل لون السماء.

«كان لديه أيضًا شيء آخر».

سأل جيسون بفضول «ما هذا؟» ما الذي كانت السيِّدة بيرل على وشك البوح به؛ أنَّ والد جيسون لديه عائلة أخرى؟ إنَّ لديه سجلًّا جنائيًّا؟

قالت السيِّدة بيرل: «مع الأسف».

توقَّع جيسون أن تقول السيِّدة بيرل الكثير من الأشياء، لكن ليس ذلك الشيء.

«سيِّدة بيرل، أنا ...»

«يا بُني، إنَّ شعور والدك بالسوء لا يبرِّر شيئًا لم يفعله. لا يوجد تبرير أو سبب. لكنَّني اعتقدتُ أنَّه قد يساعدك أن تعرف أنَّه لم يكن سعيدًا بشيء فعله لعائلتك، إذ رأى الواعظ يكرز برأفة يسوع وكلَّ ذلك. كان والدك يتحدَّث معي منذ بضع سنوات عندما رأيته آخر مرَّة، وكان يشعر بالندم الشديد».

لم يكن يعرف جيسون ما إذا كان سيبكي أم يضحك، لكنَّه جلس هناك، محاولًا أن يفهم.

«على أيِّ حال، أنا أعلم أنَّ ما فعله كان سيِّئًا للغاية، وقد أضرَّ بك أنت وأمَّك، وشعورك هذا منطقيٌّ، يا حبيبي. ما يساعدني هو أن أتذكَّر أنَّه في هذا العالم الخاطئ، ستبقى بعضُ الأشياء مُحطَّمة».

بدا جيسون مرتبكًا. هل كان من المفترض أن يكون هذا مشجِّعًا؟ رأت السيِّدة بيرل ارتباك جيسون وحاولت توضيح ما تعنيه.

«ما أعنيه، يا حبيبي، هو أنَّ هناك بعضُ الجروح التي لا تداويها إلَّا القيامة. لكن يسوع سيشفينا، يا بُني، سيشفينا

على طــول الطريـق، حتَّى نكـون فـي أفضل حالاتنـا. سيمسـح كل دمعة. قال الواعظ إنَّ يسوع وعدنا بهذا القدر.

قال جيسون: «شـكرًا لك سيِّدة بيـرل. أنا بصراحـة لسـتُ متأكِّـدًا ممَّـا سـأقوله».

قالت السيِّدة بيـرل بغمـزة: «هـذا جيِّـد، حبيبي! يمكنك الصعـود ومسـاعدة إيـدي فـي جمـع الكراسـي لأنَّهـا لـن تطـوي نفسـها بنفسـها».

قال جيسون وهو يبتسم الآن: «حسنًا، سيِّدة بيرل».

سـاعد جيسون شقيقه إيدي في طيِّ الكراسي. لقد أدرك جيسون أنَّ هـذه هـي مهمَّتـه الأساسيَّة التـي عليـه أن يقوم بها. وفـي الوقت نفسـه، كان جيسون يشـعر بالذهـول والامتنـان نحو هـذه العائلـة الجديدة التي أعطاها لـه الله في هـذه الكنيسة المحليَّة الصغيرة. ولكن الأمـر الأكثر إثـارة للدهشـة هـو أنَّـه كان يعلم أنَّـه كان ينمـو ليحبَّهـم كمـا أحبُّـوه وكمـا أحبَّهـم الله.

 ## آيات للحفظ

«وَلْنُلَاحِظْ بَعْضُنَا بَعْضًا لِلتَّحْرِيضِ عَلَى ٱلْمَحَبَّةِ وَٱلْأَعْمَالِ ٱلْحَسَنَةِ، غَيْرَ تَارِكِينَ ٱجْتِمَاعَنَا كَمَا لِقَوْمٍ عَادَةٌ، بَلْ وَاعِظِينَ بَعْضُنَا بَعْضًا، وَبِٱلْأَكْثَرِ عَلَى قَدْرِ مَا تَرَوْنَ ٱلْيَوْمَ يَقْرُبُ». (العبرانيين ١٠: ٢٤_٢٥)

🗐 مُلخَّص

في هـذا الفصـل، تعلَّمنـا عـن الكنيسـة الجامعـة والكنيسـة المحليَّـة.
في الكنيسـة، يُكـرز بكلمـة الله ويؤمـن بهـا أعضـاء الكنيسـة، ويتعمَّـد
المؤمنـون. في الكنيسـة، تـؤكل مائـدة الـرب ويُرنَّـم بتسبيحه. إلى جانـب
ذلـك، يصلِّـي شـعب الله فـي الكنيسـة. لذلـك يجـب أن يحضـر التلاميـذ
الكنيسـة وينضمُّـوا إليهـا ويخدموهـا بانتظـام.

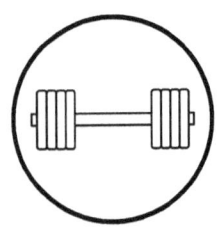

ما المقصود؟

يشارك أتباع
يسوعَ الإنجيلَ
مع من لا يعرفون
يسوع.

٧- الكرازة بالإنجيل: محبَّة المفقودين

جيسون

جلـس جيسـون مـع إيـدي عندمـا التقيـا لتنـاول العشـاء، وحدَّق إيـدي فـي القائمـة.

«يبدو الدجاج جيِّدًا حقًّا، لكن ...»

قال جيسون، مقاطعًا إيدي: «أنا أكره ذلك».

سأل إيدي: «إنَّه بهذا السوء، أليس كذلك؟»

قـال جيسـون: «مـاذا؟» لا! أنـا أكـره أنَّ آل وتشـيب لا يعرفـان يسوع».

قال إيـدي: «آه»، مـدركًا أنَّهمـا كانـا يغوصـان فـي حديثٍ عميـق قبـل أن يطلبـوا طعامهمـا. ثـم قـال وهـو يضـع قائمـة طعامـه جانبًا: «أخبرنـي المزيـد».

فـي أثنـاء حديثهمـا، أدرك جيسـون مـدى رغبتـه فـي معرفـة آل وتشـيب لله.

قـال إيـدي: «حزنـك علـى أصدقائـك ليـس بالأمـر السـيِّئ». وذكَّـر جيسـون بـأنَّ الرسـول بولـس لـم يكـن راضيًـا عـن رفـض

الناس لله أيضًا. «في رومية ٩، يتحـدَّث بولس عـن «حـزن عظيـم» و«وجـع لا ينقطـع» يعانـي منـه لأنَّ الأشـخاص الذيـن يشـبهونه لـم يعرفـوا يسـوع».

وتابـع: «أن تعلـم أنَّ الأشـخاصَ الذيـن تحبُّهـم لا يحبُّون يسـوع، هـذا يسـبِّبُ حُزنًـا لا ينتهـي حقًّـا للمسـيحيِّين – ليـس في هـذه الحيـاة علـى الأقـلِّ».

سـأل جيسـون: «ولكـن يجـب أن يكـونَ هنـاك شـيء مـا – أي شـيء – يمكننـي فعلـه؟».

قال إيدي: «حسـنًا، نعم، يمكنك أن تكرز لهم».

سـأل جيسـون: «مـاذا؟» فلـم يفهـم تلـك الكلمـة. كمـا لـو كان إيدي قـد تحـدَّث لغـة أخـرى.

ابتسم إيدي ابتسامة لطيفة وأجاب بهدوء على صديقه الشابِّ.

«أعنـي أنَّـه يمكنـك مشـاركة الإنجيـل معهـم، يـا أخـي. هـذا ما يمكنك فعله».

تَوَقَّف

كيف سمعتَ الإنجيل لأوَّل مرَّة؟

في هـذا الفصـل الأخيـر، نظرنـا إلى كنيسـة جيسـون ورأينـا مـا يقولـه الكتـاب المُقـدَّس عـن كيفيَّـة حبِّ المسـيحيِّين للمسـيحيِّين الآخريـن.

يدعـو الله أيضًـا المسـيحيِّين إلى محبَّـة غيـر المسـيحيِّين. وهـذا الأمـر يتعلَّـق بالكنيسـة أكثـر ممَّـا تعتقـد. رأينـا في الفصـل الأوَّل كيـف يجـب

على المسيحيّين أن يحبُّوا قريبهم أيًّا كان ذلك القريب. تأمر غلاطية ٦: ١٠ المسيحيّين بأن يهتمُّوا بشكلٍ خاصٍّ بالناس في كنيستهم، لكنَّها تقول أيضًا إنَّه يجب على المسيحيّين أن يفعلوا الخير للجميع. يخبرنا تكوين ١: ٢٦-٢٨ أنَّ كلَّ شخص مخلوق على صورة الله، ممَّا يعني أنَّ كلَّ شخص هو خليقة خاصَّة صُنعت لإظهار من هو الله. يستحقُّ كلُّ إنسان الحبَّ. ولذا يريد جيسون مشاركة الإنجيل مع أصدقائه.

ولكن كيف؟ كيف سيخبرهم؟ هل يجب أن يخبرهم عن يسوع، أم أنَّ تلك هي وظيفة قس كنيسته؟ في هذا الفصل، سوف نلقي نظرة على ما يقوله الكتاب المُقدَّس عن الكرازة وكيف ينبغي على المسيحيّين الكرازة بالإنجيل. هذا هو الموضوع الأخير في تدريبنا العامّ، وهو موضوع يمكن أن يحدث فرقًا بين السماء والجحيم.

ما هي الكرازة بالإنجيل؟

بحسب الكتاب المُقدَّس، فإنَّ الكرازة هي مشاركة الإنجيل مع غير المؤمنين على رجاء أن يتوبوا عن خطاياهم ويثقوا بالمسيح. إنَّها جزء من الوصف الوظيفيّ لكلّ مسيحيّ.

دعونا نتعرَّف على هذا التعريف. الكرازة هي ...

مشاركة الإنجيل | بعد الحديث عن حزنه الشديد، طرح بولس سؤالًا مهمًّا في رومية ١٠: كيف يخلص شخص ما إذا لم يسمع الإنجيل؟ الإنجيل هو رسالة. سنتأكَّد من وصول هذه الرسالة

مباشرةً لاحقًا في هذا الفصل. لكن في الوقت الحاليّ، علينا أن نفهم أنَّ الكرازة هي مشاركة رسالة محدَّدة، رسالة الإنجيل. في أصل كلمة *Evangelism*، أي «الكرازة»، توجد كلمة *evangel*، وهي لفظة يونانيَّة تعني الإنجيل. (كُتب جزء كبير من الكتاب المُقدَّس في الأصل باللغة اليونانيَّة). وتعني لفظة «الإنجيل» حرفيًّا الخبر السار. في العصور القديمة، كان الجندي يهرب من المعركة بأخبار النصر؛ فيعود برسالة الإنجيل. وبموته وقيامته، انتصر يسوع على الموت من أجل كلِّ من يثق به. هذا هو جوهرُ الإنجيل الكتابي.

مع غير المؤمنين | ما لم نتحدَّث مع أنفسنا، سنشارك هذه الرسالة مع شخص ما. إنَّه لأمرٌ رائع أن تكرز بالإنجيل لنفسك، ومن المُشجِّع أن تذكِّر إخوتك وأخواتك المسيحيِّين بالإنجيل. لكن هذه الجماهير ليست مناسبة للكرازة. في لوقا ١٥، استخدم يسوع كلمة ما لوصف أولئك الذين لا يثقون به: قال إنَّهم ضالُّون. إنَّهم لا يعرفون إلى أين هم ذاهبون حتَّى لو اعتقدوا أنَّهم يعرفون، ولذا فإنَّنا نكرز من خلال مشاركة رسالة الإنجيل مع الضالِّين.

على رجاء أن يتوبوا عن خطاياهم ويثقوا بالمسيح | نحن نشارك رسالة الإنجيل مع الضالِّين لا لكي نُظهرَ مدى قداستنا، أو لتسديد خانة في قائمة المهام الروحيَّة. نحن نشارك الإنجيل مع الضالِّين حتَّى يُوجَدوا، حتَّى يخلصوا! ما الهدف من إعطاء شخص ما خريطة إذا كنت لا تريده أن يعرف إلى أين يذهب؟ الكرازة هي إخبارُ شخص ما بأفضل الأخبار على أمل إبعاده عن أسوأ مكان، الجحيم. ولذا فإنَّنا نكرز على رجاء رؤية الناس يتحوَّلون عن الخطيَّة ويثقون بيسوع.

إنَّها جزء من الوصف الوظيفيِّ لكلِّ مسيحيٍّ | الكرازة جزء ممَّا يعنيه أن تكون مسيحيًّا. لا يقتصر الأمر على القساوسة أو الأشخاص المنفتحين أو المسيحيِّين الجادِّين حقًّا. أمر يسوع جميع المسيحيِّين أن يُتلمذوا (متى ٢٨: ٢٠). نحن نعلم أنَّ هذه الوصيَّة تشملنا لأنَّه في نفس الآية، وعد يسوع أن يكون معنا «**إِلَى ٱنْقِضَاءِ ٱلدَّهْرِ**». يسوع معنا بروحه، الروح القدس، الذي يأتي ليسكن فينا عندما نثق بيسوع. سوف يكون الروح القدس عاملًا رئيسيًّا في كرازتنا، كما سنرى لاحقًا. لكن أوّلًا، علينا أن نفهم أنَّه بما أنَّ يسوع لم يأتِ ثانية بعد، فلا يزال هناك عمل كرازيٌّ لنا للقيام به.

> الكرازة هي مشاركة الإنجيل مع غير المؤمنين على رجاء أن يتوبوا عن خطاياهم ويثقوا بالمسيح. إنَّها جزء من الوصف الوظيفيِّ لكلِّ مسيحيٍّ.

لذا، يمكنك العمل مزارعًا أو محاميًّا أو أمًّا أو عامل بناء، ولكن إذا كنت مسيحيًّا، **فإنَّ عملك أيضًا هو مشاركة الإنجيل مع الضالِّين**. أن تكون شاهدًا (أعمال الرسل ١: ٨)، يعني أن تكون كارزًا. ليست الكرازة هي كل ما نفعله بصفتنا مسيحيِّين، لكن لا ينبغي أن تكون شيئًا لا نفعله أبدًا. يجب على كلِّ مسيحيٍّ أن يكرز بانتظام.

لكن ربَّما، مثل جيسون، أنت غير متأكِّد من كيفيَّة الكرازة. لا بأس في ذلك. أو ربَّما كمسيحي تقرأ هذا، تشعر بالحزن لأنَّك لم تشارك الإنجيل، ربَّما كنت صامتًا بشكل آثم.

إليك الخبر السار: يمكننا أن نعترف إلى الله بعدم كرازتنا، والتمتُّع بنعمة مغفرته. ليس رجاؤنا أن نشارك الإنجيل بشكل كامل،

ولكن أن نثق بالإنجيل الكامل. نعمة الله في النهاية هي التي ستحفِّزنا على مشاركة الإنجيل. قد يدفعنا الشعور بالذنب لبعض الوقت، لكن هذا الدافع لن يدوم. عوض ذلك، عندما نعرف حريَّة مغفرة الله، سنريد إخبار الآخرين بهذا الغفران.

لكن ما هي رسالة الغفران؟ لنتأكَّد من أنَّنا نعرف الإنجيل بشكل صحيح، قبل أن ننتقل إلى كيفيَّة مشاركته.

فهم الرسالة بشكل صحيح: ما هو الإنجيل؟

لقد فكَّرنا في الإنجيل في جميع فصول هذا الكتاب، ولكن دعونا نتأكَّد من أنَّنا نعرف طريقة لتلخيص ذلك سريعًا. إذا استطعنا فعل ذلك، سنكون أفضل كارزين. توجد طرق عديدة لتقديم الإنجيل بشكل صحيح، لكن الملخَّص البسيط يأخذ أربع كلمات: الله، الإنسان، المسيح، الاستجابة.

الله –> الإنسان –> المسيح –> الاستجابة

الإنجيل هو خبر سار عن الله. إنَّه رسالته. صنع الله كلَّ شيء وهو حسن. بعد أن خلق البشريَّة، كان كلُّ شيء حسنًا جدًّا (تكوين ١: ٣١). جعل الناس يتسلَّطون على الأرض ويملئونها بأناس يطيعونه ويعبدونه. إذا كنَّا لا نعرف هذه الحقائق الأساسيَّة، فلن نفهم بقيَّة الإنجيل. إذا كنَّا لا نعلم أنَّ الله صالح، فلن نفهم سبب كون الخطيَّة شرِّيرة. إذا لم نقدِّر كيف خُلق العالم، فلن نفهم كيف جعلناه في حالة من الفوضى. يقودنا هذا إلى النقطة التالية: الإنسان.

الله <-- **الإنسان** <-- المسيح <-- الاستجابة

على الرغم من أنَّ الله ملكٌ صالح، فقد تمرَّد عليه آدم وحواء. بما أنَّ آدم مثَّلنا أمام الله، فعندما أخطأ، أخطأنا معه. **جلبت هذه الخطيَّة لعنة على سائر العالم.** لقد أحبطت كل الخليقة الآن (رومية ٨: ٢٢). صار العمل فاسدًا. وباتت العلاقات تتمزَّق – عموديًّا، بين الله والناس، وأفقيًّا، بين الناس والناس.

يولَد كلُّ الناس خطاة ويستحقُّون الموت،

ويستحقُّون الانفصال الأبديَّ عن الله،

واقعين تحت غضبه المُقدَّس (مزمور ٥١؛ رومية ٣).

ولكن شكرًا لله، قد جاء يسوع.

الله <-- الإنسان <-- **المسيح** <-- الاستجابة.

يسوع هو الله، الابنُ الأزليُّ لله الآب. لقد صار إنسانًا ليعيش الحياة التي كان يجب أن نعيشها، ويطيع الله طاعة كاملة. مات موتَ الخطاة المستحقِّين للموت على الصليب، وقام بعد ثلاثة أيام من بين الأموات. مثلما جاء الموت والخطيَّة إلينا بآدم، تأتي الحياة الأبديَّة لكلِّ من يثق بيسوع (رومية ٥). بعد أن أُقيم من بين الأموات، صعد يسوع إلى السماء ويملك الآن مع الله الآب، وسيأتي مرَّة أخرى ليعيد شعبه إلى الوطن أخيرًا. عندما يفعل ذلك، سنستمتع بعالم جديد، عالم أفضل حتَّى من العالم الأصليِّ الذي أفسدناه. لكن أعداء الله سيُطرحون للمعاناة إلى الأبد في الجحيم.

الله ← الإنسان ← المسيح ← **الاستجابة**

يتطلَّب الإنجيل استجابة. إمَّا أن نثق في هذا الإنجيل أو نبتعد عنه ـ ليس هناك أيُّ خيارٍ محايد. يجب أن نوضِّح هذا للأشخاص الذين نكرز لهم. يجب ألَّا نخبرهم عن الله والإنسان والمسيح ونجعلهم يعتقدون أنَّ هذا أحد الخيارات الدينيَّة الرائعة المتوفِّرة. بل بالحريِّ، يجب أن ندعوهم إلى الثقة بالمسيح، الطريق الوحيد إلى الله (يوحنا ١٤: ٦). بل يجب علينا أن نناشد الناس أن يفعلوا ذلك (٢ كورنثوس ٥: ٢٠). مثلما كتب جيه آي. باكر (J.I. Packer): «[الكرازة] هي ليست مجرَّد تقديم معلومات، ولكنَّها أيضًا دعوة».[1] عندما أعلن يسوع عن الإنجيل، جاء بالاستجابة المطلوبة: «**تُوبُوا وَآمِنُوا**» (مرقس ١: ١٥).

لذلك لدينا الكرازة. لكن كيف نشاركها؟ ما يلي مبادئ كتابيَّة لتوجيه كرازتنا.

مشاركة الرسالة بشكل صحيح: كيف أشارك الإنجيل؟

يقع خلطٌ حين تكون الكثير من الأشياء مفهومة على أنَّها كرازة. لذلك نحن بحاجة إلى توضيح ما نتحدَّث عنه. يمكننا القول إنَّه ليس هذا، ولكن ذاك ...

الكرازة ليست: شهادة (اختبار إيمانك)

عندما نشاركُ الإنجيل، فإنَّنا لا نتحدَّث عن مشاركة شهادتك. الشهادة هي قصَّة مسيحيٍّ تفسِّر كيف أصبح مؤمنًا. للحصول

---

[1] J. I. Packer, *Sovereignty of God* (Downers Grove, IL: InterVarsity, 2008), p. 53.

على مثال كتابيٍّ للشهادة، انظر كيف يتحدَّث بولس عن التغيير في حياته في فيلبي ٣ أو أعمال الرسل ٢٢.

بعض المسيحيِّين لديهم شهاداتٌ مثيرة لأنَّهم عاشوا بوضوح ضدَّ الله، وقد خلَّصهم بطرق لا تصدَّق. إذا كنتَ أحدَ هؤلاء المسيحيِّين، فعندما تكتب شهادتك، تحدَّثْ بتروٍّ عن خطيَّتك قبل أن تقابل يسوع. يصف بعض المسيحيِّين، مع نواياهم الحسنة في كثير من الأحيان، خطاياهم بيانيًّا لإظهار مدى عظمة الله لخلاصهم. لكن لا يحتاج الناس إلى معرفة كلِّ التفاصيل الدمويَّة ليعرفوا أنَّك كنتَ مُذنبًا عظيمًا وأنَّ الله مُخلِّص عظيم. لذلك لا تحتاج إلى إعادة ذكر جميعها بالتفصيل (أفسس ٥: ١٢).

جيسون

تذكَّر جيسون أنَّه عندما اعتاد أن يسهب في الكلام مثل طفل صغير، كانت السيِّدة بيرل تقول له: «يا بُني، ليس عليك أن تقول كلَّ ما تعرفه». من الأفضل أن نستمع لحكمتها.

يقول بعض المسيحيِّين الآخرين إنَّ لديهم «شهادات مملَّة»، وهو النوع الذي يريد كلُّ والد مسيحيٍّ أن يحصل عليه أطفاله. لا يتذكَّر هؤلاء المسيحيُّون عدم ثقتهم بالمسيح. إذا كنتَ أحد هؤلاء المسيحيِّين، فاحرصْ على عدم التقليل من شأن عمل الله في حياتك. لقد أعطاك قلبًا جديدًا، وحافظ على هذا القلب من الضلال لفترة طويلة! لدى كلِّ المسيحيِّين قصَّة يروونها عن نعمة الله العجيبة في حياتهم.

تَوَقَّف

هل كتبتَ شهادتك من قبل وشاركتها مع أحد؟ هل هناك شخصٌ يمكنك مشاركة قصّتك معه؟ إذا لم تكتبها مطلقًا، فافعلْ ذلك الآن. صف كيف كانت حياتك قبل أن تعرف يسوع، وكيف تغيَّرتْ حياتك منذ ذلك الحين.

ولكنَّها: رواية قصَّة الله

على الرغم من أنَّ قصصنا قد تكون رائعة، فإنَّ قصَّة الله أعظم. إنَّ مشاركة شهاداتنا أمر رائع، لكن مشاركتها مع شخص ما لا يماثل مشاركة الإنجيل. في الجزء الذي أعيش فيه من العالم، يسعد الناس بأيِّ شيء يمنح أيَّ شخص إحساسًا بالاتِّجاه أو الهدف في الحياة. لا يهتمُّ الناس إذا قلتَ إنَّ مصباح غرفة المعيشة الخاصَّ بي هو الذي جعلني أنمو. ولكن عندما نشارك شخصًا ما بأنَّه أيضًا متمرِّد يحتاج إلى التوبة، فهنا تكون كرازتنا.

الكرازة ليست: الدفاعيَّات الإيمانيَّة أو التأثير بالذنب أو الخداع بالسحر.

عندما نشارك الإنجيل، فإنَّنا أيضًا لا نتحدَّث عن الدفاع عن الإنجيل. يسمَّى هذا بالدفاعيَّات، وغالبًا ما تكون هي المحادثة التي تلي مشاركة الإنجيل. الدفاعيَّات أمر رائع، ونحن مدعوُّون للدفاع عن إيماننا (١ بطرس ٣: ١٥).

لكن الدفاع عن الإنجيل ومشاركة الإنجيل ليسا نفس الشيء. إلى جانب ذلك، عندما نشارك الإنجيل، فإنَّنا لا نحاول ببساطة

أن نجعل النـاس يشـعرون بالسـوء تجـاه خطاياهـم. **يجلـب الـروح القـدس الاقتنـاع**، أمَّـا نحـن فـلا نسـتطيع فعـل ذلـك، ولا يمكننـا إقنـاع شـخص مـا بالإنجيـل بطريقـة معيَّنـة. أن يثـق شـخصًا بيسـوع ليـس أمـرًا متـروكًا لنـا فـي النهايـة! يجـب أن يشـجِّعنا هـذا علـى الكـرازة.

لذلـك، عندمـا نتحـدَّث عـن الكـرازة، فإنَّنـا لا نتحـدَّث عـن مشـروع فـرديٍّ، كمـا لـو كان الأمـر كلُّـه متـروكًا لنـا، أو عـن طريقـة لتدويـر الإنجيـل بشـكل صحيـح.

يخلص بعضُ الناس بعد سماع الإنجيل مرَّة واحدة؛

وقد يخلص بعض الناس بعد سماعه عدَّة مرَّات.

وقد يخلص البعض بسماع العظات.

وربَّمـا يخلُـص البعـضُ بعـد مجموعـة من المحادثات مع صديق.

لا توجد طريقة سحريَّة لإقناع شخص ما بحقيقة الإنجيل.

لكنَّها: وضع البذرة بأمانة

مهمَّتنـا زرع البـذار وتـرك الله ينمِّـي (١ كورنثـوس ٣: ٦). نحـن نشـارك رسـالة نعمـة الله بصفتنـا أشـخاصًا اختبـروا هـذه النعمـة. نحـن نشـارك بوصفنـا كارزيـن متواضعيـن ورؤفـاء وفرحيـن نثـق بأنَّ الله هو الذي يُخلِّص.

تتطلَّـب الكـرازة وجـود الله، ولكنَّهـا يمكـن أن تشـمل أيضًـا إخوتنـا وأخواتنـا. فـي الفصـل السـابق، نظرنا في سـبب أهميَّة الكنيسـة للمسـيحيِّين.

لم نتحدَّث عن الغرض الكرازيّ للكنيسة، ولا أعني دورها في دفع تكاليف المُرسلين وإرسالهم إلى جميع أنحاء العالم، على الرغم من أنَّ الكنائس يجب أن تفعل ذلك. إنَّني أتحدَّث عن الكيفيَّة التي **يقول بها الله** إنَّ حُبَّنا للمسيحيِّين الآخرين سيُظهر للعالم أنَّنا تلاميذ يسوع (يوحنا ١٣: ٣٥). إنَّني أتحدَّث عن الكيفيَّة التي **يقول بها الله** إنَّ وحدة المسيحيِّين مع بعضهم البعض ستعلِّم الآخرين عن يسوع (يوحنا ١٧: ٢٠). إنَّني أتحدَّث عن الكيفيَّة التي **يأمر بها الله** شعبه أن يعيشوا حياة مُقدَّسة بحيث يكون لدى غير المؤمنين سببٌ لتمجيد الله عندما يعود (١ بطرس ٢: ١٢).

لا يعني هذا أنَّنا «نكرز بالإنجيل، وإذا لزم الأمر نستخدم الكلمات»، بل كما يقول بعض الناس **إنَّ الإنجيل كلام، ولا إنجيل بدون كلمات**. لكن إذا كنَّا نحاول مشاركة الإنجيل بدون حبٍّ لإخوتنا وأخواتنا، فإنَّنا نسلب أنفسنا من إحدى أقوى الصور التي يستخدمها الله لتعليم غير المسيحيِّين عن نفسه. لا يوجد مكان آخر يمكن أن يرى النَّاسُ فيه بوضوح المحبَّة والوحدة والقداسة بين المسيحيِّين.

جيسون

قال جيسون لإدي: «هذا بالضبط ما يحدث مع تشيب! إنَّه يرى صداقتنا، وهي توضِّح له من هو الله. إنَّه يرى أنَّنا تلاميذ!»

قال إيدي بابتسامته الدافئة: «شكرًا لله». «لماذا لا تشاركه الإنجيل حتَّى يصبح تلميذًا هو أيضًا؟ وهذا الصديق الآخر لك، آل، ذَكِّرني - هل هو مسيحيٌّ؟»

قال جيسون: «آل هو أخي، مثل أخي بالدم. لكن نعم، عندما كان طفلًا أطلق على نفسه اسم مسيحيّ. لكن كلَّما تقدَّم في السنّ، بدا وكأنَّه يحبُّ الخطيَّة. على عكس تشيب، لم يكن آل مهتمًّا بالإنجيل».

قال إيدي وهو يهزُّ رأسه: «آه، فهمت». «إنَّه يجعلني أفكِّر في ديماس».

سأل جيسون: «من؟»

«إنَّه أحد أصدقاء الرسول بولس الذين تخلُّوا عنه. قال بولس إنَّه قد '**أَحَبَّ ٱلْعَالَمَ ٱلْحَاضِرَ**'. كيف يكون ذلك كشيء يُكتَب على قبرك؟»

«آمل أن يُكتَب عن آل شيء مختلف». توقَّف جيسون للحظة. «مهلًا، تحدَّثنا سابقًا عن الحزن الذي لا يزول. أما من شيء يمكنني فعله حيال ذلك؟»

أوضح إيدي لجيسون أنَّه بينما لا يريد المسيحيُّون أبدًا التوقُّف عن الاهتمام بالحالة الروحيَّة لشخص ما، يمكننا أن نتصالح مع حقيقة أنَّنا لا نستطيع فعل أيِّ شيء آخر لإقناع بعض الناس.

قال إيدي: «رجاؤنا ليس في نتائج كرازتنا. إنَّ رجاءنا هو في أنَّ الله صالح وبارٌّ في كلِّ ما يفعله، وأنَّ خطته أفضل من خطتنا. ويجب أن نبقى متفائلين! سيختفي حزننا في السماء، ومن يدري ما قد يفعله الله بالبذور التي نزرعها حتَّى ذلك

الحين؟ كان هناك قسٌّ قال: «البذرة [التي نزرعها] قد تكمن تحت الأرض حتَّى نرقد هناك، ثمَّ تنبت وتزهر!»[٢]

قال جيسون: «لقد أصبح كلُّ كلامك شاعريًّا يؤثِّر فيَّ الآن».

ضحك إيدي. «حسنًا، دعني أجرِّب صورة أخرى بعد ذلك. عندما يتعلَّق الأمر بالكرازة، فإنَّ البعض منَّا هم من يزرعون البذور، والبعض منَّا هم من يسقون البذور، وبعضنا من يرى الحصاد. ولكن إليك الأمر؛ لا أحد منَّا لديه نظرة شاملة على جنَّة الله. قد يشعر البعض منَّا أنَّنا نزيل الأعشاب الضارَّة وقد يرى البعض منَّا الأشياء تزدهر، لكنَّنا جميعًا في العمل معًا».

وتابع إيدي ليشرح أنَّ الرغبة في رؤية ثمر كرازتنا هو أمر جيِّد. يقول يوحنا ١٥ إنَّنا سنثمر إن كنَّا نثق بيسوع. ولكنَّه لا يعد البتَّة بأنَّ الثمر سيكون ثقة الناس به بسبب كرازتنا. ومع هذا، شرح إيدي لجيسون أنَّ المهمَّ هو الأمانة، وليس النتائج. وشجَّع جيسون على أن يتعجَّب حقًّا من أنَّ الله يمكن حتَّى أن يستخدمه ليشارك بأفضل أخبار في العالم (٢ كورنثوس ٥: ٢٠). وشجَّع جيسون على أن يرى كيف أنَّ الكرازة في حدِّ ذاتها عبارة عن امتياز رائع، ولكنَّها في نفس الوقت عبء رهيب إذا أخذنا في اعتبارنا وقوع كلِّ ثقل خلاص المرء على كاهلنا. تحدَّث جيسون وإدي عن المرَّات التي شعر فيها بولس بالإحباط في أثناء قيامه بالتبشير، وكيف استخدم الله مبشِّرين قليلي الشأن حتَّى مثل

[2] Charles Bridges, *The Christian Ministry* (Carlisle, PA: Banner of Truth, 2009), p. 75.

يونان. وتحدَّثا عن تعرُّضهم للرفض في كرازتهم، والتعرُّض لتجربة عدم الرغبة في التعرُّض للرفض.

قال إيدي لجيسون: «أن تقوم بشيء يحظى دائمًا بردود فعل فهذا يمثِّل تجربة بالنسبة لك. فبعض الناس سيغيِّرون حتَّى الإنجيل حتَّى يسهل ابتلاعه. لكن اعرف هذا يا أخي، إذا غيَّرنا الإنجيل، فإنَّنا نفقده. عندما تميل إلى تبديل الأمور بحيث تبدو الكرازة أسهل، عندها عليك أن تقرِّر ما إذا كنت ستبقى مخلصًا أم لا».

«ولكن ماذا لو سألني تشيب عن أشياء لا أعرفها؟»

قال إيدي: «ماذا لو! جيسون، لمجرَّد أنَّك لا تعرف كلَّ شيء لا يعني أنَّك لا تعرف أيَّ شيء. أنت تعرف الإنجيل، ويمكنك دائمًا إخباره أنَّك ستنظر في شيء ما وتعود إليه. لذلك حتَّى لو كنت خائفًا، ثق بالله وأخبره بالإنجيل. كان موسى خائفًا من إعطاء الرسالة التي أعطاها له الله، لكن انظر إلى ما فعله الله».

«أنا أحبُّ ذلك: أن لا أسأل: 'ماذا لو'، بل أقول 'حتَّى لو'. هل هذا في الكتاب المُقدَّس؟»

«لا. هذا فقط عند العجوز الحكيم إيدي».

قال جيسون: «أوه، اقتلني الآن».

عرف جيسون يومًا ما أنَّ الحزن الذي شعر به على أصدقائه سينتهي، ولكن حتَّى ذلك الحين، كان يتدرَّب على حبِّ الله وأقربائه.

آيات للحفظ

«أَنَا غَرَسْتُ وَأَبُلُّوسُ سَقَى، لَكِنَّ ٱللهَ كَانَ يُنْمِي». (١ كورنثوس ٣: ٦)

مُلخَّص

في هذا الفصل، تعلَّمنا عن جزء كبير للوصف الوظيفيّ لكلّ مسيحيٍّ، ألا وهو الكرازة. تشارك الكرازة غيرَ المؤمنين بالإنجيل على رجاء أن يتوبوا عن خطاياهم ويثقوا بيسوع المسيح. ويمكن تلخيص رسالة الإنجيل في أربع كلمات: الله، الإنسان، المسيح، الاستجابة. وعندما نتحدَّث حول مشاركة هذه الرسالة، فإنَّنا لا نتحدَّث عن هذه النصيحة أو الحيلة ولكن عن ذلك العَرْض الأمين لرسالة الإنجيل.

خاتمة: لا تتجاوز الأمر أبدًا!

ذات مـرَّة سـار طبيـب مسـيحيٌّ سـعيه بشـكل جيِّـد. ولكـن الأهـم مـن ذلـك أنَّـه أنهـاه أيضًـا بشـكل جيِّـد. كان اسـمه مارتـن لويـد جونـز (Martyn Lloyd–Jones)، وكانـت ابنتـه، ليـدي كاثـروود (Lady Catherwood)، تعشـقه. عندمـا سُـئلت عـن سـبب فعاليَّـة خدمـة والدهـا، أجابـت:

«لم يتجاوز قط حقيقة أنَّ الله قد خلَّصه».

لا تفوتـوا المفارقـة السعيدة، فالطبيـب لـم يعـرفْ كيـف يتعافـى ويتجاوز الأمـر. لقـد شـفاه الله مـن مرضـه الروحـيِّ، وحوَّلـه مـن عـدوٍّ مُعـادٍ إلـى ابـن ملكـيٍّ. لـم يصبـح هـذا أبدًا مجـرَّد حـدث آخـر فـي حيـاة الطبيـب، مثـل تلقِّـي بطاقـة شـكر أو بطاقـة تخـرُّج مـن درجـة إلـى أخـرى. ببسـاطة، فقـد صبغـت هبـة الخـلاص حيـاة الطبيـب كلَّهـا. علـى الرغـم مـن أنَّ الله منحـه إياهـا بلطـف، فالطبيـب لـم يأخـذ الخـلاص أبـدًا أمـرًا مُسـلَّمًا بـه.

هـل لنـا أن نـرى بنعمـة الله إيماننـا المسـيحيَّ بهـذه الطريقـة. أرجـو ألَّا نتجـاوز أبـدًا عمـل الله الخلاصـيِّ فـي حياتنـا. أرجـو أن نتعثَّـر فـي السـماء ونحـن لا نـزال نترنَّـح مـن الخـلاص. لا شـكَّ، أنَّنـا بينمـا نحـن هنـا علـى الأرض، سـنصادف مواسـم حيـاة قاسـية، حيـث لا يبـدو الخـلاص فيهـا بهـذه الروعـة. لكـن دعنـا نصلِّـي أن نتـذوَّق دائمًـا شـيئًا مـن مذاقاتـه فـي قلوبنـا. دعونـا نعمـل دائمًـا، بنعمـة الله، لنتـذوَّق ونـرى أنَّ الـربَّ صالـح. دعونـا نعمـل علـى الاسـتمرار فـي الاسـتمتاع بأساسـيَّات الحيـاة المسـيحيَّة؛ محبَّـة الله والقريـب، والاسـتماع إلـى الله مـن خـلال

كلمتـه، والتحـدُّث إلـى الله فـي الصـلاة، وعبـادة الله بحياتنـا، وتشـجيع إخوتنـا وأخواتنـا فـي الكنيسـة، ومشـاركة الإنجيـل مـع إنسـان ضـالّ. فـي النهايـة، أيُّهـا الإخـوة والأخـوات، لـم نتخـرَّج أبـدًا مـن مسـتوى الأساسيَّات، واللحظـة التـي نعتقـد أنَّنـا حصلنـا عليهـا، هـي نفـس اللحظـة التـي نثبـت أنَّنـا لـم نتخـرَّج منهـا. بالطبـع، هنـاك طريقـة خاطئـة لسـماع تلـك القصَّـة عـن الطبيـب الشـاكر والفعَّـال. النقطـة التـي يجـب أن نأخذهـا فـي الاعتبـار هـي أنَّ نعمـة الله يجـب أن تدهشـنا، وليـس مـدى فاعليَّتنـا بعـد أن تأثَّرنـا بهـا. الهـدف مـن هـذا الكتـاب هـو معرفـة نعمـة الله والاسـتمتاع بهـا أكثـر ومعرفـة كيـف تسـاعدنا التدريبـات الروحيَّـة علـى القيـام بذلـك.

هدفنـا ليـس الفعاليَّـة أو التأثيـر أو الكمـال. هدفنـا هـو ببسـاطة أن نعـرف يسـوع، وأن نشـارك فـي آلامـه، وأن نصبـح مثلـه فـي موتـه، حتَّـى نتمكَّـن بأيَّـة وسـيلة مـن بلـوغ قيامـة الأمـوات (فيلبـي ٣: ٨–١١). لـذا، أرجـو أن ننهـي السـباق. أرجـو أن نجاهـد الجهـاد الحسـن. أرجـو أن نصـل إلى موطنًّا في السماء وننده‍ش لأنَّنا قد بلغنا حتَّى هناك.

يقـول مزمـور ٣٤: ٢: «**بِٱلـرَّبِّ تَفْتَخِرُ نَفْسِي**». وليفتخـر مـن يتفاخـر بهـذا، أنَّـه يعـرف الله.

أيُّها الإخوة والأخوات، أرجو أن ننمو لنعرفه.

وألا نتجاوز الأمر أبدًا.

«**لِأَنَّـهُ قَـدْ ظَهَـرَتْ نِعْمَـةُ ٱللهِ ٱلْمُخَلِّصَـةُ لِجَمِيـعِ ٱلنَّـاسِ، مُعَلِّمَـةً إِيَّانَـا أَنْ نُنْكِـرَ ٱلْفُجُـورَ وَٱلشَّـهَوَاتِ ٱلْعَالَمِيَّـةَ، وَنَعِيشَ بِٱلتَّعَقُّلِ وَٱلْبِرِّ وَٱلتَّقْوَى فِـي ٱلْعَالَـمِ ٱلْحَاضِـرِ، مُنْتَظِرِيـنَ ٱلرَّجَـاءَ ٱلْمُبَـارَكَ وَظُهُـورَ مَجْـدِ ٱللهِ ٱلْعَظِيـمِ وَمُخَلِّصِنَـا يَسُـوعَ ٱلْمَسِيحِ، ٱلَّـذِي بَـذَلَ نَفْسَـهُ لِأَجْلِنَـا، لِكَـيْ يَفْدِيَنَـا مِـنْ كُلِّ إِثْـمٍ، وَيُطَهِّـرَ لِنَفْسِـهِ شَـعْبًا خَاصًّـا غَيُـورًا فِـي أَعْمَـالٍ حَسَـنَةٍ**». (تيطـس ٢: ١١–١٤)

الخطوات العشر الأولى

هذه السلسلة من الكتب الدراسية للتلمذة والتعليم الكتابي، من سلسلة الخطوات العشر الأولى لـ 9Marks، مُصمَّمة لتساعدك على التفكير بعمق في بعض الأسئلة المهمة في الحياة.

١ – **اللهُ:** هل هو موجود؟

٢ – **الحرب**: لماذا أصبحت الحياة أكثر صعوبة؟

٣ – **الأصوات**: لمن أُنصت؟

٤ – **الكتاب المُقدَّس**: هل يمكننا أن نثق به؟

٥ – **آمِن**: ماذا ينبغي أن أعرف؟

٦ – **الشخصية**: كيف أتغيَّر؟

٧ – **التدريب**: كيف أعيش وأنمو؟

٨ – **الكنيسة**: هل ينبغي عليَّ أن اذهب إليها؟

٩ – **العلاقات**: كيف أُصحِّح الأمور؟

١٠ – **الخدمة**: كيف أعطي مقابل ما أخذت؟

IX 9Marks سلسلة بناء الكنائس الصحيحة

هل تنعمُ كنيستك بالصحَّة؟

تهدفُ هيئة "9Marks" لتزويد قادة الكنائس بمصادر كتابيَّة وعمليَّة، لإظهار مجد الله للأمم من خلال الكنائس الصحيحة.

من أجل هذا الهدف نريد أن نساعد الكنائس على النموِّ في العلامات التسع للصحَّة، والتي كثيرًا ما يتمُّ إغفالها:

١. الوعظ التفسيريّ
٢. اللاهوت الكتابيّ
٣. الفهم الكتابيّ لبشارة الإنجيل
٤. الفهم الكتابيّ للاهتداء
٥. الفهم الكتابيّ للكرازة
٦. العضويَّة الكنسيَّة
٧. التأديب الكنسيّ الكتابيّ
٨. التلمذة الكتابيَّة
٩. القيادة الكنسيَّة الكتابيَّة

نكتبُ في "9Marks" مقالاتٍ، وكتبًا، وتقييماتٍ لكتب، كما نُصدرُ مجلّةً إلكترونيَّة، وأيضًا نعقدُ مؤتمراتٍ، ونقومُ بتسجيل مقابلاتٍ وننتج مصادر أخرى لتمكين الكنائس من إظهار مجد الله.

قم بزيارة موقعنا الإلكترونيِّ لتجد محتوىً بأكثر من ٣٠ لغة، كما يمكنك تسجيل دخولك على موقعنا لتحصل على مجلَّتنا الإلكترونيَّة المجانيَّة. يمكنك أن تجد قائمة بمواقعنا الأخرى الخاصَّة بلغات مختلفة على هذا الرابط: 9marks.org/about/international-efforts/.

9Marks.org

20✝schemes

Gospel Churches for Scotland's Poorest

توجـد خدمـة 20schemes لتأتـي برجـاء الإنجيـل إلـى أفقـر مجتمعـات إسـكتلندا مـن خـلال تنشـيط وزرع كنائـس صحيحـة تعـظ بالإنجيـل، ويقودهـا فـي النهايـة جيـل المسـتقبل مـن قـادة الكنيسـة المحليـة.

«إن كنَّـا سـنرى حقًّـا اختلافًـا فـي حيـاة السـكَّان فـي أفقـر مجتمعاتنـا، فعلينـا أن نقبـل بسـرور اسـتراتيجية جذريـة وطويلـة المـدى تأتـي برجـاء الإنجيـل إلـى آلاف لا يُعـدُّون ولا يُحصـون».

ميـز مكونيـل، مدير الخدمة

نؤمـن أن بنـاء كنائـس صحيحـة فـي أفقـر مجتمعـات إسـكتلندا سـوف يجلـب تجديـدًا حقيقيًّـا ودائمًـا وطويـل المـدى إلـى حيـاة أشـخاص لا يُحصـون.

الاحتياج مُلِح

تعلَّم المزيد عن عملنا وكيفية المشاركة معنا من:

20chemes.com
Twitter.com/20schemes
Facebook.com/20schemes
Instagram.com/20schemes

مطبوعات Christian Focus

رسالتنا

البقاء أمناء

بالاعتماد على اللهُ نسعى إلى إحداث تأثير في العالم من خلال منتجات أدبية أمينة لكلمته المعصومة، الكتاب المُقدَّس. هدفنا هو ضمان تقديم الرب يسوع المسيح بصفته الرجاء الوحيد للحصول على غفران الخطية، وعيش حياة نافعة والتطلع للسكن في السماء معه.

كتبنا مطبوعة من خلال أربعة ناشرين:

Christian Focus

أعمال منتشرة تضم السِيَر الذاتية، والتفاسير، والعقائد الأساسية، والحياة المسيحية.

Christian Heritage

كتب تُقدِّم بعضًا من أفضل المواد من إرث الكنيسة الغني.

Mentor

كتب مكتوبة على مستوى مناسب لطلبة كليات اللاهوت والكتاب المُقدَّس والرعاة والقُرَّاء الجادين. تشمل المطبوعات تفاسير، ودراسات في العقيدة، وفحص للمشاكل الحالية، وتاريخ الكنيسة.

C F 4.K

كتب للأطفال للتعليم المسيحي الجيِّد ولكل المجموعات العمرية:

مناهج لمدارس الأحد، كتب، بازل، وأنشطة؛ وعناوين خاصة بالدراسة التعبُّدية العائلية والشخصية، سِيَر وقصص ملهمة – لأنك لست أصغر من أن تعرف يسوع!

ذهن جديد

رسالتنا: نحن خدمة تعليمية هدفها تجديد الذهن وتثبيت وتأصيل المؤمنين في كلمة اللهُ المُقدَّسة وتقديم خدمة المشورة الفردية والأسرية بهدف الاسترداد الكتابي لمجد اللهُ والرب يسوع المسيح.

للتواصل معنا

WhatsApp +201211583580 – +201210150752

Social Media: https://www.facebook.com/mashoraketabyya

https://t.me/zehngadiid

https://twitter.com/zehngadid?s=09

Website: www.zehngadid.org

Email: info@zehngadid.org

سلسلة الخطوات العشر الأولى

الحرب
لماذا أصبحت الحياة أكثر صعوبة؟

ميز ماكونيل
تحرير السلسلة في الإنجليزية ميز ماكونيل

الخدمة
كيف أعطي نظير ما أخذت؟

ميز ماكونيل
تحرير السلسلة في الإنجليزية ميز ماكونيل

الأصوات
لمن أستمع

أندي برايم
تحرير السلسلة في الإنجليزية ميز ماكونيل

الله
هل هو موجود؟

ميز مكونيل

آمن
ماذا ينبغي أن أعرف؟

مايك ماكنيلي
تحرير السلسلة في الإنجليزية ميز ماكونيل

العلاقات
كيف أضع الأمور في نصابها الصحيح؟

شارون ديكنز
تحرير السلسلة في الإنجليزية ميز ماكونيل

الشخصية
كيف أتغير؟

شارون ديكنز
تحرير السلسلة في الإنجليزية ميز ماكونيل

الكنيسة
هل ينبغي علي أن أذهب؟

ج. جاريت كيل
تحرير السلسلة في الإنجليزية ميز ماكونيل

الكتاب المُقدّس
هل يمكننا أن نثق به؟

أندرو مائيسون
تحرير السلسلة في الإنجليزية ميز ماكونيل